SPEAKING SPEAKING KOREAN

Situation

Beginner 2

한글파크

이 책을 내면서

이 교재는 한국어 학습자의 회화 능력을 높이기 위해 기획되었다. '말하기'는 일상적이고 친근한 회화 능력을 기본으로 하며 면대면 구두 상호작용을 전제로 한다. 『Speaking Speaking Korean』 시리즈의 집필진 모두는 짧지 않은 기간 동안 한국어교육 현장에서 외국인들을 가르친 교사이자 연구자들로서, 기존의 한국어 말하기 교재가 온전한 회화 능력을 길러주기에는 다소 미약하다는 문제의식을 가지고 교재 개발에 참여하였다.

지금까지의 말하기 교재의 대화문은 목표 문법이나 어휘를 가르치기 위한 수단으로서 고안된 것이었고, 거기에다가 기능과 주제까지 담아내어야 했기에 자연스러움이나 실제성을 가지기 힘들었다. 말하기 교재에 포함되어 있는 문법 설명 또한 문어 문법 중심의 설명에 구어 문법이 보조적으로 덧붙여진 경향이 강하여 진정한 의미에서 한국어 회화 능력을 키우기 위한 것이라고 하기 어렵다. 이러한 한국어 말하기 교재 혹은 교육의 문제점들은 평가 분야에도 이어져서 진정한 회화 숙련도와 구두 상호작용 능력을 추정하지 못한 채 듣기와 읽기의 이해 능력, 어휘와 문법적 지식을 측정하는 것에 치중하거나 대체되는 불합리성을 보이고 있다.

반나절이면 지구 반대편으로 날아가서 대화 상대자를 만날 수 있고, 비행기를 타는 것이 여의치 않으면 전자통신 기술을 이용해서 구두 의사소통을 할 수 있는 이 시대에 '말하기'는 그 어떤 언어 기술보다도 중요하고 필수적이다. 한국어 학습의 다양한 목적을 충족하기 위한 교재는 이미 4천 종 가까이 나와 있음에도 이렇게 12권의 연작 교재를 기획하고 개발한 것은, 즉각적이고 자연스런 한국어 구사력에 대한 학습자의 요구가 갈급하다고 판단하였기 때문이다.

『Speaking Speaking Korean』 초급 교재의 대표적인 특징은 다음과 같다. 첫째, 특정한 상황과 기능에 전형적으로 사용되는 대화문을 제시하여 '지금, 현재'의 자연스러운 한국어 회화체를 접할 수 있다. 둘째, '의미' 단위로 대화문을 분석하여 설명과 번역을 붙였기 때문에 구어로 '표현하는' 능력을 키울 수 있고 자가 학습서로도 활용 가능하다. 셋째, 완전한 발음 학습, 대화 상대자를 고려한 의사소통 연습, 유의미한 맥락으로의 적용 등을 할 수 있다. 넷째, 초보 교사를 배려하여 본 교재가 제시한 순서대로 수업을 이끌어 가되 어떤 변수가 발생되었을 때 변용할 수 있는 다양한 교수 방안들을 포함시켰다.

본인과 저자 정선화, 김지혜, 오지혜 선생은 그간 한국어교육 현장에서 가져왔던 문제의식을 구체화하고 회화 숙련도를 높이기 위한 교육내용을 구안하기 위해 만나고 또 만나 왔다. 우리는 유난히도 더웠던 지난 여름 내내 피서와 휴가를 미룬 채 원고를 쓰고, 긴 검토의 시간을 거쳐 이제 드디어 상황 중심의 『Speaking Speaking Korean - Beginner』 1, 2와 기능 중심의 『Speaking Speaking Korean - Beginner』 3, 4를 내놓게 되었다. 구나 절 중심의 말하기 단위를 분석하고, 기존의 문법서에서는 결코 기댈 수 없는 구어 문법의 설명력을 갖추기 위해 서로가 지치도록 토론하고 수정, 보완하였지만 여전히 부정확하거나 다듬을 내용이 많을 것으로 짐작한다. 부디 이 책을 사용하는 한국어 교사와 연구자들의 많은 질책과 바로잡음이 있기를 기다린다. 우리는 결코 한국어 말하기 교육의 질적 향상을 위한 논의에 게으름을 피우지 않을 것이다.

『Speaking Speaking Korean - Beginner』 1~4가 나오기까지 많은 분들의 후원과 응원이 있었다. 이 새로운 시도에 전적으로 동감하면서 지원을 아끼지 않으신 한글파크의 임직원 여러분과 성가신 일들을 감당하느라 고생하신 출판 담당자들께 감사드린다. 바쁘신 일정에도 구어 문법의 기술을 감수해 주신 최정순 교수님께도 감사하다. 이 기회에 까다로운 한국어 구어 연구에 관심을 가지고 매진하고 있는 분들에게 '끝까지 함께 하자'고 말하고 싶다.

집필자를 대표하여 지현숙

이 책의 사용법

『Speaking Speaking Korean』은 모두 12권으로 이루어졌으며 초급, 중급, 고급 각각 네 권으로 구성된다. 초급은 '상황'과 '기능'을 중심으로, 중급은 '주제'에, 고급은 '장르'에 기반을 두고 교육과정이 마련되었다. 각 권은 90분 수업을 기본으로 매일 2차시의 수업을 지속하면 4주 만에 끝낼 수 있도록 설계되었다. 따라서 한국어 자모음을 알고 발음하는 데에 능숙한 정도의 학습자가 회화 능력을 집중적으로 숙련하고 싶다면, '매일' '한 달에 한 권씩 지속해서' 공부함으로써 1년에 12권 모두를 마칠 수 있을 것이다.

『Speaking Speaking Korean - Beginner』 1~4는 의사소통이 이루어지는 상황별, 기능별로 권마다 40개의 단원을 구성하였으므로 모두 80개의 말하기 상황과 80개의 기능이 제시되어 있다. '상황'은 두 명 이상의 대화 참여자가 의사소통을 하는 공간을 의미하며, 대체로 공항, 식당, 지하철, 거리, 기숙사 등의 장소 이름으로 교재가 이루어진다. 또한, '기능'은 대화 참여자가 실현하고자 하는 의사소통의 목적을 뜻하는데 인사하기, 전화하기, 요청하기 등이 그 예이다. 상황과 기능을 중심으로 한 한국어 회화 교재는 다양한 사회 구성원들과 의사소통하고 정보를 교환하는 역동적이고 개방적인 수단을 제공할 것이다. 본 교재는 초급 수준의 한국어 학습자에게 필요한 전형적이고도 일반적인 의사소통 상황과 기능을 세분화하여 제시하여 사용 편의성을 높이고자 하였다. 각 단원은 '대화 - 단어와 표현 - 연습 - 활동 - 더 해보기'로 구성된다. 제시된 순서대로 각 메뉴들을 설명하면 다음과 같다.

대화 Conversation

상황 별로 전형성을 가진 4-6개의 대화문이 제시된다. 이를 통해 학습자는 상황과 그 장면 속에서 쓰이는 언어 간의 관계를 어느 정도 예측할 수 있게 되며 어떻게 실제 의사소통 상황에서 한국어가 사용되는지를 알 수 있다.

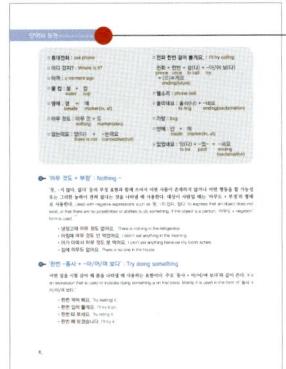

단어와 표현 Words and Expressions

'의미' 단위로 대화문을 분석하여 설명과 번역을 붙여서 설명한다. 목표로 선정한 구어 문법 항목 2-3개를 의미, 기능, 화용적으로 설명하고 각각의 예문을 엄선하여 제시한다.

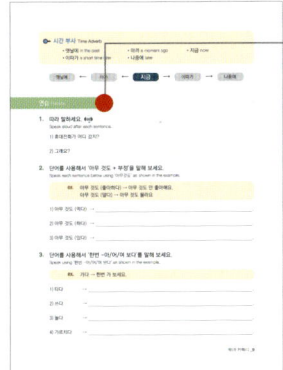

연습 Practice

첫 번째로 대화문 가운데 주요 문장을 일부 추출하여 반복적으로 듣고 따라하여 통째 암기하는 것이 이루어진다. 두 번째로 주어진 단어나 문장을 목표 구어 문법이 포함된 문장으로 대체하거나 변환하여 발화하는 연습을 한다. 이를 통해 상황에 포함된 언어 요소를 세분화하여 연관시키는 것이 가능해진다.

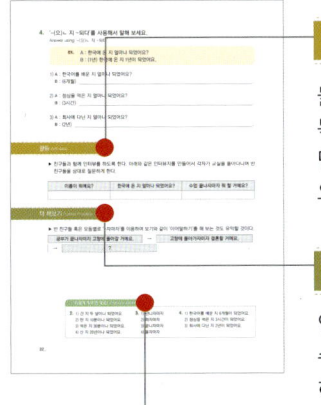

활동 Activities

둘 이상의 대화 참여자를 전제로 하여 해당 단원이 정한 상황 및 기능과 목표 구어 문법들을 사용하여 유의미하고 실제적인 구두 의사소통을 하는 단계로 구성되었다. 각자의 교실 환경에 맞게 변용할 수 있는 여지를 주었으며 교사가 이용할 만한 언어 입력 자료 목록들도 제공하였다.

더 해보기 Further Practice

연습과 활동 외에 교사가 보충하여 가르칠 만한 내용이나 활용할 만한 교수 방안들을 부가적으로 마련하여 제시하였다. 교재의 순서대로 수업을 하되 어떤 변수가 발생되었을 때 변용할 수 있는 다양한 교수 방안들이 포함되어 있다.

이렇게 말하면 돼요! Practice Answers

형태 변화가 반영된 연습문제의 답을 실었다.

목 차

이 책을 내면서　　2
이 책의 사용법　　4

01 카페(1)　　7
02 카페(2)　　11
03 서점　　15
04 교실(1)　　19
05 교실(2)　　23
06 교실(3)　　27
07 교실(4)　　31
08 분실물센터(1)　　35
09 분실물센터(2)　　39
10 휴게실(1)　　43
11 휴게실(2)　　47
12 휴게실(3)　　51
13 휴게실(4)　　55
14 거리에서(1)　　59
15 거리에서(2)　　63
16 식당(1)　　67
17 식당(2)　　71
18 운동장　　75
19 미술관　　79
20 극장　　83

21 약국(1)　　87
22 약국(2)　　91
23 병원(1)　　95
24 병원(2)　　99
25 환전소　　103
26 시장(1)　　107
27 시장(2)　　111
28 구두 가게(1)　　115
29 구두 가게(2)　　119
30 옷 가게(1)　　123
31 옷 가게(2)　　127
32 안경 가게(1)　　131
33 안경 가게(2)　　135
34 안경 가게(3)　　139
35 축제　　143
36 K-Pop　　147
37 고궁(1)　　151
38 고궁(2)　　155
39 놀이공원(1)　　159
40 놀이공원(2)　　163

01 카페(1)

대화 Conversation

A 휴대전화가 어디 갔지?

B 아까 물컵 옆에 있었어요.

A 그래요? 지금 아무것도 없는데요.

B 그럼 제가 전화 한번 걸어 볼게요.

(전화 벨 소리)

A 아, 울리네요. 가방 안에 있었네요.

Translation

A Where is my cell phone?
B It was beside the cup a moment ago.
A Was it? Nothing is there now.
B Then I'll try calling it.
(phone bell ringing)
A Ah, the phone is ringing. It was in my bag.

단어와 표현 Words and Expressions

- 휴대전화 : cell phone
- 어디 갔지? : Where is it?
- 아까 : a moment ago
- 물컵 : 물 + 컵
      water cup
- 옆에 : 옆 + -에
      beside marker(in, at)
- 아무것도 : 아무것 + -도
      nothing marker(also)
- 없는데요 : 없(다) + -는데요
      there is not ending
      (-는데 + -요)
      connective marker
      (and, but)
- 전화 한번 걸어 볼게요. : I'll try calling.
    전화 + 한번 + 걸(다) + 어 보(다)
    phone once to call to try doing something
    + -ㄹ게요
    ending(future)
- 벨소리 : phone bell
- 울리네요 : 울리(다) + -네요
      to ring ending(exclamation)
- 가방 : bag
- 안에 : 안 + -에
      inside marker(in, at)
- 있었네요 : 있(다) + -었- + -네요
      to be past tense ending
      (exclamation)

○— '아무것도 + 부정' : Nothing

'못, -지 않다, 없다' 등의 부정 표현과 함께 쓰여서 어떤 사물이 존재하지 않거나 어떤 행동을 할 가능성 또는 그러한 능력이 전혀 없다는 것을 나타낼 때 사용한다. 대상이 사람일 때는 '아무도 + 부정'의 형태로 사용한다. Used with negative expressions such as '못, -지 않다, 없다' to express that an object does not exist, or that there are no possibilities or abilities to do something. If the object is a person, the '아무도 + negation' form is used.

- 냉장고에 **아무것도** 없어요. There is nothing in the refrigerator.
- 아침에 **아무것도** 안 먹었어요. I didn't eat anything in the morning.
- 이가 아파서 **아무것도** 못 먹어요. I can't eat anything because my tooth aches.
- 집에 **아무도** 없어요. There is no one in the house.

○— '한번 -동사 + -아/어/여 보다' : Try doing something

어떤 일을 시험 삼아 해 봄을 나타낼 때 사용하는 표현이다. It is an expression that is used to indicate doing something on a trial basis.

- **한번** 먹어 봐요. Try (eating) it.
- **한번** 입어 볼게요. I'll try it on.
- **한번** 타 보세요. Try riding it.
- **한번** 해 보겠습니다. I'll try it.

시간 부사 Time Adverbs

- 옛날에 in the past
- 아까 a moment ago
- 지금 now
- 이따가 a short time later
- 나중에 later

옛날에 ← 아까 ← 지금 → 이따가 → 나중에

연습 Practice

1. 따라 말하세요. 🔊02

Speak aloud after each sentence.

1) 휴대전화가 어디 갔지?

2) 그래요?

2. 단어를 사용해서 '아무것도 + 부정'을 말해 보세요.

Speak each sentence below using '아무것도 + 부정' as shown in the example.

> ex. 아무것도 (좋아하다) → 아무것도 안 좋아해요.
> 아무것도 (알다) → 아무것도 몰라요

1) 아무것도 (먹다) → _____.

2) 아무것도 (하다) → _____.

3) 아무것도 (있다) → _____.

3. 단어를 사용해서 '한번 –동사 + –아/어/여 보다'를 말해 보세요.

Speak using '한번 –동사 + –아/어/여 보다' as shown in the example.

> ex. 가다 → 한번 가 보세요.

1) 타다 → _____.

2) 쓰다 → _____.

3) 놀다 → _____.

4) 가르치다 → _____.

4. **'아무것도 + 부정'을 사용해서 말해 보세요.**
Answer the following questions using '아무것도+부정'.

> **ex.** A : 방에 무엇이 있어요?
> B : 방에 아무것도 없어요.

1) A : 책상 위에 무엇이 있어요?
   B : _____.

2) A : 주말에 무엇을 해요?
   B : _____.

3) A : OO 씨는 무엇을 잘 해요?
   B : _____.

5. **단어를 사용해서 _____를 완성하여 말해 보세요.**
Read the preceding sentence and fill in the blank with the appropriate word. Then speak the sentence aloud.

> **ex.** 읽다, 만나다, 먹다, 배우다

1) 이 책이 아주 재미있어요. 한번 _____.

2) 이것은 제가 만든 음식이에요. 한번 _____.

3) 그 사람은 아주 좋은 사람이에요. 한번 _____.

4) 한국어가 아주 재미있어요. 한번 _____.

활동 Activities

▶ 두 명씩 짝을 정한다. 한 사람은 한 손 안에 동전을 몰래 감춘다. 짝에게 어느 손에 동전이 있는지 맞추어 보라고 한다. 만약 동전이 있는 손을 맞추면 '맞았어요!'라고 말하면서 역할을 바꿔서 해 본다. 만약 틀리면 손을 펴 보이면서 '아무것도 없어요.'라고 말한다. 답을 맞힐 때까지 계속한다.

이렇게 말하면 돼요! Practice Answers

2. 1) 아무것도 안 먹어요.
   2) 아무것도 안 해요.
   3) 아무것도 없어요.

3. 1) 한번 타 보세요.
   2) 한번 써 보세요.
   3) 한번 놀아 보세요.
   4) 한번 가르쳐 보세요.

4. 1) 책상 위에 아무것도 없어요.
   2) 주말에 아무것도 안 해요.
   3) 저는 아무것도 못 해요.

5. 1) 읽어 보세요.
   2) 먹어 보세요.
   3) 만나 보세요.
   4) 배워 보세요.

02 카페(2)

대화 Conversation

A 지금 몇 시쯤 됐어요?

B 지금이……. 세 시네요.

A 세 시나 됐어요?
와! 시간이 정말 빨리 가네요.

B 왜요? 약속 있으세요?

Translation

A What time is it now approximately?
B It is … 3 o'clock.
A Is it 3 o'clock already?
Wow! Time goes really fast.
B Why? Do you have an appointment?

단어와 표현 Words and Expressions

- 지금 : now
- 몇 시 : what time
- 쯤 : about, approximately
- 됐어요? : 되(다) + -었- + -어요?
  to become   past tense ending(question)
- 지금이 : 지금 + -이
  now   subjective marker
- 세 시네요 : 세 시 + -네요
  3 o'clock   ending(exclamation)
- 세 시나 : 세 시 + -(이)나
  3 o'clock   marker(as many as)
- 와! : Wow!
- 시간이 : 시간 + -이
  time   subjective marker
- 정말 : really
- 빨리 : fast, quickly
- 가네요 : 가(다) + -네요
  to go   ending(exclamation)
- 약속 : appointment, promise
- 있으세요? : Do you have?
  있(다) + -으세요?
  to have   ending(question)

○─ '수사 + 명사 + -(이)나' : more then expected

'-(이)나'는 주로 수량을 나타내는 단위명사에 붙어서 말하는 사람이 자신이 예상한 것보다 많을 때 또는 일반적으로 생각하는 기준보다 높을 때 사용한다. 받침이 없을 때는 '-나'가 오고 받침이 있을 때는 '-이나'가 온다.   Mainly attached to a measurement noun indicating quantity, '-(이)나' is used when the amount is more than the speaker estimated, or higher than the general standard. '-나' is used when the noun ends with a vowel, and '-이나' is used when it ends with a final consonant.

- 공원에서 친구를 세 명**이나** 만났어요. I met three friends in the park today. (more than I expected)
- 오늘은 한국어를 세 시간**이나** 공부했어요. I studied three hours today. (much more than I expected)

○─ '명사 + -이/가 되다' : become

명사와 함께 쓰여서 그 명사가 나타내는 어떤 때나 시기, 상태에 이르렀음을 표현할 때 사용한다. 주로 시간, 계절, 나이 등을 나타내는 명사와 결합하여 쓰인다. 현재나 가까운 미래에 이름을 뜻할 때는 '명사 + -이/가 됩니다' 또는 '명사 + -이/가 될 거예요'의 형태로, 이미 이르렀음을 뜻할 때는 '명사 + -이/가 되었어요'로 사용한다. Used with a noun, it expresses that a certain moment, time, or condition indicated by the noun has come. Generally, it is used in combination with a noun to mean time, season, or age. The form of 'noun + -이/가 됩니다' or 'noun + -이/가 될 거예요' is used to indicate that the time or condition is being reached in the present or in the near future, and 'noun + -이/가 되었어요' is used to mean that it has already been reached.

- 따뜻한 봄**이 되**었어요. The warm spring has come.
- 저는 올해 대학생**이 됩**니다. I'm going to become a college student this year.

시간 Time

- 오전 a.m. [ex] 오전 열한 시입니다. It's eleven a.m.
- 오후 p.m. [ex] 오후 세 시입니다. It's three p.m.
- 정각 o'clock [ex] 여섯 시 정각입니다. It's six o'clock sharp.
- 정오 noon [ex] 낮 열두 시 twelve noon
- 자정 midnight [ex] 밤 열두 시 twelve midnight
- 반 half past- [ex] 네 시 반입니다. It's half past four.
- 전 to- [ex] 두 시 십 분 전입니다. It's ten to two.

연습 Practice

1. 따라 말하세요. 〔04〕
Speak aloud after each sentence.

1) A 세 시나 됐어요? 시간이 정말 빨리 가네요.
   B 왜요? 약속 있으세요?

2. '-(이)나'를 사용해서 말해 보세요.
Speak using '-(이)나' as shown in the example.

> ex. 열 개 → 열 개나

1) 다섯 시 → _____.

2) 30일 → _____.

3) 열 시간 → _____.

3. '-이/가 되다'를 사용해서 말해 보세요.
Speak using '-이/가 되다' as shown in the example.

> ex. 아내 → 아내가 되었어요.

1) 남자 친구 → _____.

2) 여름 → _____.

3) 아침 → _____.

4. '-(이)나'를 사용해서 말해 보세요.
Select the appropriate word and speak each sentence with '-(이)나'.

> ex. 세 시간, 열 개, 한 달 + (이)나

1) 부모님을 _____ 못 만났어요.

2) 낮잠을 _____ 잤어요.

3) 귤을 _____ 먹었어요.

5. '-이/가 되다'를 사용해서 말해 보세요.
Answer the following questions using '이/가 되다'.

> ex. A : 지금 몇 시예요?
>   B : 방금 자정이 되었어요.

1) **A** : 올해 몇 살이에요?
   B : (스물 네 살) _____.

2) **A** : 지금 몇 학년이에요?
   B : (3학년) _____.

3) **A** : 날씨가 많이 추워졌어요.
   B : (겨울) _____.

활동 Activities

▶ 두 명이 짝이 되어 한 사람은 동사 카드를, 다른 한 사람은 숫자 카드를 들고 대화를 한다. 동사 카드를 든 사람은 '얼마나-'라고 묻고, 숫자 카드를 든 사람은 그 숫자를 이용해서 대답한다.

> ex. 질문을 하는 학생은 '마시다'라는 카드를, 대답을 하는 학생은 숫자 카드 '5'를 가지고 있을 때
>
> 가 : 몇 잔 마셨어요?   나 : 다섯 잔이나 마셨어요.

이렇게 말하면 돼요! Practice Answers

2. 1) 다섯 시나
   2) 30일이나
   3) 열 시간이나

3. 1) 남자 친구가 되었어요.
   2) 여름이 되었어요.
   3) 아침이 되었어요.

4. 1) 한 달이나
   2) 세 시간이나
   3) 열 개나

5. 1) 스물 네 살이 되었어요.
   2) 3학년이 되었어요.
   3) 겨울이 되었어요.

03 서점

대화 Conversation

A 한국어 교재는 어디에 있어요?

B 외국어 코너로 가 보세요.

A 외국어 코너는 어디에 있어요?

B F라고 쓰여 있는 곳 보이세요? 저기 한국어 교재가 많아요.

A 아, 저기요?

Translation

A Where are the Korean language textbooks?
B Go to the foreign language section.
A Where is the foreign language section?
B Do you see Section F? There are many Korean textbooks there.
A Oh, over there?

단어와 표현 Words and Expressions

- 한국어 교재는 : 한국어 교재 + -는
  Korean language textbook   topic marker
- 어디 : where
- (place)에 있어요? : Where is it?
  -에 + 있(다) + -어요?
  marker(in, at)   to be   ending
- 외국어 코너 : foreign language section
- -(으)로 가 보세요 :
  -(으)로 + 가(다) + -아 보세요
  marker(to)   to go   try to doing
- 라고 쓰여 있는 곳 : the place where it is written by
  -라고 + 쓰여 있(다) + -는 + 곳
  as   to be written   modifier place
- 보이세요? : Can you see it?
  보이(다) + -세요?
  to be seen   ending(honorific question)
- -(이)가 많아요 : There are a lot of ~
  -(이)가 + 많(다) + -아요
  subjective marker   a lot   ending(statement)
- 저기요? :
  저기 + -요?
  over there   ending(question)

○- '-(이)라고 쓰여 있다' : written as -

어떤 도구에 의해 글자의 모양이 완성되어 있는 것을 인용하여 말할 때 사용하는 표현이다. 받침이 있을 때는 '-이라고', 받침이 없을 때는 '-라고'를 쓴다. It is an expression used to quote letters shaped by a certain tool. '-이라고' is used if the preceding word ends with a final consonant, and '-라고' if it ends with a vowel.

- 저기 '한국어 교재'**라고 쓰여 있**네요. 'Korean textbooks' is written there.
- '식당'**이라고 쓰여 있**네요. 들어가 봅시다. '식당' is written there. Let's go in.
- '빈차'**라고 쓰인** 택시를 타세요. Take a taxi with a 'vacant' sign.
- '금연'**이라고 쓰인** 곳에서 담배 피우지 마세요. Don't smoke where the sign says, 'No Smoking.'

○- '동사 + -아/어 있다' : is -ed/ing

동사에 붙어 행동이 완료된 상태나 그 결과가 지속됨을 나타낼 때 사용한다. 동사의 끝음절 모음이 '아, 오'일 때는 '-아 있다', '아, 오'를 제외한 나머지일 때는 '-어 있다'를 쓴다.
Attached to a verb, it is used to indicate a state that an act is completed or a result of an action that is continuous. '-아 있다' is combined when the vowel of the verb's last syllable is '아, 오,' and '-어 있다' is used otherwise.

- F라고 쓰**여 있는** 곳 보이세요? Do you see where F is written?
- 친구가 저를 만나러 미국에서 와 **있**어요. A friend came to meet me from the USA.

책의 분류 Classification of Books

- 잡지 magazines
- 언어 language
- 예술 art
- 여행 travel
- 문학 literature
- 과학 science

연습 Practice

1. **따라 말하세요.** 〈06〉
   Speak aloud after each sentence.

   1) 한국어 교재는 어디에 있어요?

   2) 아, 저기요?

2. **'-(이)라고 쓰여 있다'를 사용해서 말해 보세요.**
   Speak using '-(이)라고 쓰여 있다' as shown in the example.

   > ex. 남자 → 남자라고 쓰여 있어요.

   1) 아이 → _____.

   2) 위험 → _____.

   3) 나가는 곳 → _____.

   4) 금연 → _____.

3. **'-아/어 있다'를 사용해서 말해 보세요.**
   Speak using '-아/어 있다' as shown in the example.

   > ex. 가다 → 가 있어요.

   1) 오다 → _____.

   2) 앉다 → _____.

   3) 살다 → _____.

   4) 켜다 → _____.

4. 단어를 사용해서 말해 보세요.
Answer the questions using the given word or phrase as shown in the example. Then, practice speaking each sentence.

> **ex.** A : 뭐라고 쓰여 있어요?
> B : (사랑해) '사랑해'라고 쓰여 있어요.

1) A : 뭐라고 쓰여 있어요?
   B : (친구) _____.

2) A : 뭐라고 쓰여 있어요?
   B : (기다릴게) _____.

3) A : 뭐라고 쓰여 있어요?
   B : (위험!) _____.

4) A : 뭐라고 쓰여 있어요?
   B : (금연) _____.

5) A : 뭐라고 쓰여 있어요?
   B : (안녕) _____.

활동 Activities

▶ 학생들에게 자기가 쓰고 싶은 말을 메모지에 쓰게 한다. 메모지에 쓰는 말은 단어나 문장 모두 다 가능하다. 그리고 메모지를 모아서 통에 넣는다. 한 사람씩 나가서 통에 있는 메모지를 뽑는다. 나머지 학생들은 다 함께 큰 소리로 '뭐라고 쓰여 있어요?'라고 질문한다. 그러면 메모지를 뽑은 학생은 거기에 쓰여 있는 대로 '-라고 쓰여 있어요'라고 대답하는 활동을 한다.

이렇게 말하면 돼요! Practice Answers

2. 1) 아이라고 쓰여 있어요.
   2) 위험이라고 쓰여 있어요.
   3) 나가는 곳이라고 쓰여 있어요.
   4) 금연이라고 쓰여 있어요.

3. 1) 와 있어요.
   2) 앉아 있어요.
   3) 살아 있어요.
   4) 켜 있어요.

4. 1) '친구'라고 쓰여 있어요.
   2) '기다릴게'라고 쓰여 있어요.
   3) '위험!'이라고 쓰여 있어요.
   4) '금연'이라고 쓰여 있어요.
   5) '안녕'이라고 쓰여 있어요.

04 교실(1)

대화 Conversation

A 한국에 온 지 얼마나 되었어요?

B 6개월 되었어요. 대학교 졸업하자마자 한국에 왔어요.

A 그래요? 고향에서는 뭐 하셨어요?

B 초등학교에서 영어를 가르쳤어요.

Translation

A How long have you been in Korea?
B It's been six months. I came to Korea right after graduating university.
A Did you? What did you do in your hometown?
B I taught English at an elementary school.

단어와 표현 Words and Expressions

- 한국에 : 한국 + -에
  Korea marker(at)
- 온 지 얼마나 되었어요? :
  How long have you been here?
- 6개월 되었어요 : I have been here for six months.

  6개월 + 되(다) + -었- + -어요
  six months to become past tense ending (statement)

- 대학교 : university
- 졸업하자마자 : right after graduating

  졸업하(다) + -자마자
  to graduate connective(right after)

- (place)에 왔어요 : came to (place)

  -에 + 오(다) + -았- + -어요
  marker(to) to come past ending (statement)

- 그래요? : Do you?
- 고향에서는 : at one's hometown

  고향 + -에서 + -는
  hometown marker(at) topic marker

- 뭐 하셨어요? : What did you do?

  뭐 + 하(다) + -시- + -었- + -어요?
  what to do honorific past tense ending(question)

- 초등학교에서 : 초등학교 + -에서
  elementary school marker(at)
- 영어를 : 영어 + 를
  English objective marker
- 가르쳤어요 :

  가르치(다) + -었- + -어요
  to teach past tense ending(statement)

● '동사 + -자마자' : right after, as soon as

동사에 붙어서 어떤 사건이나 행동이 일어난 직후에 바로 이어서 다른 일이 일어남을 나타낼 때 사용한다. Attached to a verb, it is used to express that something takes place right after a certain event or action happened.

- 집에 가**자마자** 청소를 했어요. I cleaned the house right after I arrived.
- 수업이 끝나**자마자** 친구를 만날 거예요. I'll meet my friend as soon as the class ends.
- 방학하**자마자** 고향에 갈 거예요. I'll go to my hometown as soon as vacation starts.
- 저는 침대에 눕**자마자** 잤어요. I fell asleep right after I laid down on the bed.

● '동사 + -(으)ㄴ 지 되다' : It's been – since

동사에 붙어서 어떤 상황이나 행동이 일어난 때로부터 시간이 얼마나 지났는지를 말할 때 사용한다. 동사 끝음절에 받침이 없거나 'ㄹ'받침이 오면 '-ㄴ 지', 'ㄹ'을 제외한 나머지 받침이 오면 '-은 지'와 결합한다. Attached to a verb, it is used to tell how much time passed since an event or an action has taken place. '-ㄴ 지' is combined if the last syllable of the verb ends with a vowel or 'ㄹ'. '-은 지' is used if it ends with a consonant other than 'ㄹ'.

- 여자 친구를 만난 **지** 1년이 **되**었어요. It's been a year since I met my girlfriend.
- 밥을 먹은 **지** 1시간이 **되**었어요. It's been an hour since I had a meal.
- 한국에 온 **지** 한 달 **되**었어요. It's been a month since I came to Korea.

학교 생활 관련 어휘 School Life

- 입학 school entrance
- 졸업 graduation
- 수업 class
- 등록금 tuition fee
- 시간표 time table
- 개학 the beginning of the school year
- 방학 vacation

연습 Practice

1. 따라 말하세요. (08)

Speak aloud after each sentence.

1) 한국에 온 지 얼마나 되었어요?

2) 고향에서는 뭐 하셨어요?

2. '-(으)ㄴ 지 되다'를 사용해서 말해 보세요.

Speak using '-(으)ㄴ 지 되다' as shown in the example.

> **ex.** 오다/1시간 → 온 지 1시간이 되었어요.

1) 가다/두 달 → _____.

2) 타다/10분 → _____.

3) 먹다/30분 → _____.

4) 살다/20년 → _____.

3. '-자마자'를 사용해서 말해 보세요.

Select an appropriate word and speak each sentence using '-자마자'.

> **ex.** 오다, 끝나다, 하다, 만나다

1) 부모님을 _____ 눈물이 났어요.

2) 방학을 _____ 고향에 갈 거예요.

3) 수업이 _____ 식당으로 갔어요.

4) 엄마가 _____ 아기가 울음을 그쳐요.

4. '-(으)ㄴ 지 되다'를 사용해서 말해 보세요.
Answer the questions using '-(으)ㄴ 지 되다'.

> **ex.** A : 한국에 온 지 얼마나 되었어요?
> B : (1년) 한국에 온 지 1년이 되었어요.

1) **A** : 한국어를 배운 지 얼마나 되었어요?
   B : (6개월) _____.

2) **A** : 점심을 먹은 지 얼마나 되었어요?
   B : (3시간) _____.

3) **A** : 회사에 다닌 지 얼마나 되었어요?
   B : (2년) _____.

활동 Activities

▶ 친구들과 함께 인터뷰를 하게 한다. 아래와 같은 인터뷰지를 만들어서 각자가 교실을 돌아다니며 반 친구들을 상대로 질문하게 한다.

이름이 뭐예요?	한국에 온 지 얼마나 되었어요?	수업 끝나자마자 뭐 할 거예요?

더 해보기 Further Practice

▶ 반 친구들 혹은 모둠별로 '-자마자'를 이용하여 보기와 같이 '이어말하기'를 해 보는 것도 유익할 것이다.

| 공부가 끝나자마자 고향에 돌아갈 거예요. | → | 고향에 돌아가자마자 결혼할 거예요. |

→ | _____ ? |

이렇게 말하면 돼요! Practice Answers

2. 1) 간 지 두 달이나 되었어요.
2) 탄 지 10분이나 되었어요.
3) 먹은 지 30분이나 되었어요.
4) 산 지 20년이나 되었어요.

3. 1) 만나자마자
2) 하자마자
3) 끝나자마자
4) 오자마자

4. 1) 한국어를 배운 지 6개월이 되었어요.
2) 점심을 먹은 지 3시간이 되었어요.
3) 회사에 다닌 지 2년이 되었어요.

05 교실(2)

대화 Conversation

A 나타리 씨는 혼자 살아요?

B 아뇨, 친구하고 살아요. 스테판 씨는요?

A 저는 부모님과 같이 살아요.

B 아파트에서 사세요?

A 아뇨, 주택에서요.

Translation

A Natalie, do you live alone?
B No, I live with my friend. How about you, Stephan?
A I live with my parents.
B Do you live in an apartment?
A No, in a house.

단어와 표현 Words and Expressions

- 혼자 : alone
- 살아요? : 살(다) + -아요?
          to live   ending(question)
- 아뇨 : no
- 친구하고 : 친구 + -하고
          friend marker(and)
- 부모님과 같이 :
    부모 + 님 + -과 + 같이
    parents honorific marker(and) together
- 아파트에서 : 아파트 + -에서
          apartment marker(at, in)
- 주택에서요 : 주택 + -에서 + -요
          house marker(at) marker

○— '명사 + -와/과 같이' : together, with

'-와/과 같이'는 명사에 붙어서 함께함을 뜻할 때 사용한다. 받침이 없을 때는 '-와', 받침이 있을 때는 '-과'를 쓴다. '-와/과 함께'나 '-하고 같이'도 많이 쓴다. Attached to a noun, '-와/과 같이' is used to indicate being together. '-와' is used if the noun ends with a vowel, and '-과' is used if it ends with a final consonant. '-와 함께', or '-하고 같이' are also frequently used.

- 친구**와 같이** 여행을 가요. I go on a trip with my friend.
- 나타리**와 같이** 쇼핑을 했어요. I went shopping with Natalie.
- 김 선생님**과 같이** 공부를 해요. I'm studying with Mr. Kim.
- 부모님**과 같이** 식사를 해요. I have dinner with my parents.

○— '명사 + -에서 살다' : live in

장소나 주택의 형태를 나타내는 명사에 붙어서 사는 곳을 말할 때 사용한다. Attached to a noun that indicates a place or a type of a house, it is used to tell where one lives.

- 서울**에서 살**아요. I live in Seoul.
- 고향**에서 살**아요. I live in my hometown.
- 아파트**에서 살**아요. I live in an apartment[condo].
- 기숙사**에서 살**아요. I live in a dormitory.
- 원룸**에서 살**아요. I live in a studio.

○— 주거 형태 Types of Dwellings

- 아파트 apartment, condo
- 원룸 studio
- 전세 lease on a deposit basis
- 자취 living alone (the original meaning is 'cook for oneself')
- 주택 detached house
- 하숙 boarding house
- 월세 monthly rent

연습 Practice

1. 따라 말하세요. 🔟
Speak aloud after each sentence.

1) **A** 나타리 씨는 혼자 살아요?
   B 아뇨, 친구하고 살아요. 스테판 씨는요?

2. '-와/과 같이'를 사용해서 말해 보세요.
Speak using '-와/과 같이' as shown in the example.

> **ex.** 친구 → 친구와 같이

1) 언니   → _____.
2) 형   → _____.
3) 가족   → _____.
4) 왕영 씨 → _____.

3. '-에서 살아요'를 사용해서 말해 보세요.
Speak using '-에서 살아요' as shown in the example.

> **ex.** 경주 → 경주에서 살아요.

1) 부산   → _____.
2) 기숙사 → _____.
3) 원룸   → _____.
4) 강남   → _____.

4. '-와/과 같이'를 사용해서 말해 보세요.
Answer the following questions using '-와/과 같이'.

> **ex.** A : 누구와 같이 살아요?
> B : (친구) 친구와 같이 살아요.

1) A : 누구와 같이 점심을 먹었어요?
   B : (스테판) _____.

2) A : 누구와 같이 영화를 봤어요?
   B : (남자 친구) _____.

3) A : 누구와 같이 놀이공원에 갔어요?
   B : (동생) _____.

4) A : 누구와 같이 여행을 갈 거예요?
   B : (부모님) _____.

활동 Activities

▶ 세 명이 한 팀이 되어서 자신이 '어디에서', '누구와 같이' 사는지 소개하는 활동을 한다. 두 사람은 나머지 한 사람에게 각각 '어디에서 살아요?', '누구와 같이 살아요?' 등과 같은 질문을 한다. 질문을 받은 사람은 '저는 OOO입니다. OO에서 OO와 같이 살아요/혼자 살아요'라고 답을 한다. 친구들과 질문을 하고 답을 하면서 자신을 소개하는 활동을 한다.

이렇게 말하면 돼요! Practice Answers

2. 1) 언니와 같이
2) 형과 같이
3) 가족들과 같이
4) 왕영 씨와 같이

3. 1) 부산에서 살아요.
2) 기숙사에서 살아요.
3) 원룸에서 살아요.
4) 강남에서 살아요.

4. 1) 스테판과 같이 점심을 먹었어요.
2) 남자친구와 같이 영화를 봤어요.
3) 동생과 같이 놀이공원에 갔어요.
4) 부모님과 같이 여행을 갈 거예요.

06 교실(3)

대화 Conversation

A 다음 주에 부모님께서 오시기로 했어요.

B 와! 좋으시겠어요.

A 부모님 오시기 전에 대청소 좀 해야겠어요.

B 제가 도와 드릴게요.

Translation

A My parents are supposed to visit next week.
B Wow! You must be happy.
A I think I need to do a big cleaning before my parents come.
B I'll help with it.

단어와 표현 Words and Expressions

- 다음 주 : 다음 + 주
              next   week

- 부모님께서 :
  부모 + 님 + -께서
  parents honorific suffix subjective marker (honorific)

- 오시기로 했어요 : to plan to come
  오(다) + -시- + -기로 하(다) + -었- + -어요
  to come honorific to plan to do past tense ending(statement)

- 좋으시겠어요 : might be good
  좋(다) + -으시- + -겠- + -어요
  to be good honorific conjecture ending (statement)

- 오시기 전에 : before coming
  오(다) + -시- + -기 전 + 에
  to come honorific before doing marker(at, in)

- 대청소 : big cleaning

- 좀 : a little

- 해야겠어요 : I think I need to do

- 제가 :
  제(저) + -가
  I(humble expression) subjective marker

- 도와 드릴게요. : I will help you.
  돕(다) + -아 드리(다) + -ㄹ게요
  to help give something for someone ending

● '동사 + -기로 하다' : promised/planned/decided to do something

동사에 붙어서 어떤 행위를 할 것을 결심하거나 다른 사람과 약속함을 말할 때 사용한다. 주로 '-기로 했어요'의 형태로 사용하여 이미 약속했거나 결심한 사실을 말할 때 쓸 수 있다. '하다' 대신에 결정하다, 결심하다 등으로 써도 된다. Attached to a verb, it is used to announce the decision to do a certain action, or when making a promise with someone to do something. You can use '-기로 했어요,' to say that you have already promised or decided something. '결정하다, 결심하다, etc.' are also allowed to be employed.

- 세 시에 명동에서 만나**기로 해요**. Let's promise to meet at three at Myeong-dong.
- 오늘부터 술을 마시지 않**기로 해요**. Let's decide to quit drinking starting today.
- 오늘부터 열심히 공부하**기로 했어요**. I decided to study hard starting today.
- 이번 방학에 놀러 가**기로 했어요**.
  I'm planning to go out for an excursion during this vacation.

● '동사 + -기 전에' : before doing something

동사에 붙어서 '어떤 행위에 앞서 또는 어떤 행위보다 먼저'라는 뜻을 나타낼 때 사용한다. '명사 + -전에'로도 사용할 수 있다. Attached to a verb, it is used to indicate the meaning of 'before performing a certain action'. It also can be used as 'noun + -전에'.

- 식사하**기 전에** 손 좀 씻을게요. (=식사 전에 손 좀 씻을게요.)
  I will wash my hands before having a meal.
- 자**기 전에** 보통 일기를 써요.
  I usually write a journal before I go to bed.

저번/이번/다음 Last / This / Next

- 저번 주(=지난주) / 이번 주 / 다음 주   last week / this week / next week
- 저번 달(=지난달) / 이번 달 / 다음 달   last month / this month / next month
- 지난해(작년) / 올해(금년) / 다음 해(내년)   last year / this year / next year

			2013(지난해)	←	2014(올해)	→	2015(다음 해)	
			3월(저번 달)	←	4월(이번 달)	→	5월(다음 달)	
월	화	수	목		금	토	일	
1	2	3	4		5	6	7	저번 주
8	9	10	11 (오늘)		12	13	14	이번 주
15	16	17	18		19	20	21	다음 주

연습 Practice

1. 따라 말하세요. 🔊12

Speak aloud after each sentence.

1) A 다음 주에 부모님께서 오시기로 했어요.
   B 와! 좋으시겠어요.

2. '-기로 하다'를 사용해서 말해 보세요.

Speak using '-기로 하다' as shown in the example.

> **ex.** 공부하다 → 공부하기로 했어요.

1) 자다   → _____.

2) 먹다   → _____.

3. '-기 전에'를 사용해서 말해 보세요.

Speak using '-기 전에' as shown in the example.

> **ex.** 오다 → 오기 전에

1) 주다   → _____.

2) 팔다   → _____.

4. 일주일 계획표입니다. '-기로 하다'를 사용해서 묻고 답해 보세요.
The following table shows a weekly schedule. Ask a question and answer using '-기로 하다'.

월	화	수	목	금	토	일
수영하다	친구를 만나다	등산하다	피아노를 치다	야구를 하다	영화를 보다	쉬다

ex. A : 월요일에 뭐 하기로 했어요?
    B : 월요일에 수영하기로 했어요.

A ( )에 뭐 하기로 했어요?
B _____.

5. '-기 전에'를 사용해서 말해 보세요.
Answer the following questions using '-기 전에'.

ex. A : 언제 고향에 가야 해요?
    B : (비자가 끝나다) 비자가 끝나기 전에 고향에 가야 해요.

1) A : 언제 점심을 먹었어요?
   B : (수업을 시작하다) _____ 점심을 먹었어요.

2) A : 언제 일기를 써요?
   B : (자다) _____ 일기를 써요.

3) A : 언제 잘 거예요?
   B : (열 시) _____ 잘 거예요.

활동 Activities

▶ '-기로 하다'와 '-기 전에'를 사용해서 이어 말하기를 한다. 첫 번째 학생이 '저는 오늘 집에 가기 전에 친구를 만나기로 했어요'라고 말하면 다음 학생이 '저는 오늘 친구를 만나기 전에 미장원에 가기로 했어요'라고 말한다. 그다음 '저는 오늘 미장원에 가기 전에-'라고 이어 말한다. 문장을 만들지 못하는 학생이 노래 부르기와 같은 벌칙을 정해 놓고 하면 더 적극적인 참여를 유도할 수 있다.

이렇게 말하면 돼요! Practice Answers

2. 1) 자기로 했어요.
   2) 먹기로 했어요.
3. 1) 주기 전에
   2) 팔기 전에
4. ex. A : 화요일에 뭐 하기로 했어요?
       B : 화요일에 친구를 만나기로 했어요.
5. 1) 수업을 시작하기 전에
   2) 자기 전에
   3) 열 시 전에

07 교실(4)

대화 Conversation

A 이 우산 누구 거예요?

B 아, 그거 제 거예요.

A 민호 씨가 이런 걸 써요?

B 사실은 제 여동생 건데 제가 급해서 들고 나왔어요.

A 하하하. 그랬군요.

Translation

A Whose umbrella is this?
B Oh, that's mine.
A Do you use something like this, Minho?
B Actually, it's my sister's, but I brought it because I was in a hurry.
A Ha, ha ha. You did.

단어와 표현 Words and Expressions

- 이 우산 : 이 + 우산
  　　　　this　umbrella
- 누구 거예요? : whose thing is this?
  누구 + 거(것) + -이(다) + -에요?
  whose　thing　　to be　　ending?
- 아 : Oh
- 그거 제 거예요. : that's mine.
  그거 + 제(저의)　　　　+　　　거(것)
  that thing　my(humble expression)　thing
  + -예요
  　ending
- 이런 걸 : something like this
  이런 + 걸(것을)
  like this　thing
- 써요? : Do you use?
  쓰(다) + -어요? → 써요?
  to write　ending(question)

- 사실은 : in fact, actually, as a matter of fact
- 여동생 건데 : It's my sister's.
  여동생　+　거(것) + -이(다) + -ㄴ데
  younger sister　thing　　to be　　connective
- 급해서 : because there is no time
  급하(다) + -여서
  to be urgent　connective(because)
- 들고 나왔어요 : brought
  들(다) + -고　　+　나오(다)
  to bring　connective(and)　come out
  + -았- + -어요
  　past tense　ending
- 그랬군요 : You did.
  그렇(다) + -었- + -군요
  to be like that　past tense　ending(exclamation)

● '-아/어/여요' : Sentense ending(informal)

	+ -가 (subjective marker)	+ -의 (possessive marker)	+ -를 (objective marker)	복수형 (plural)
나(I)	나 + 가 → 내가	나 + 의 → 내	나를	우리
너(You)	너 + 가 → 네가	너 + 의 → 네	너를	너희
저(humble)	저 + 가 → 제가	저 + 의 → 제	저를	저희

'-아/어/여요'는 문장이 끝났음을 나타내는 종결어미이다. 어떤 동사인가에 따라 '-아/어/여요'의 세 가지 형태로 쓰인다. '-아/어/여요' are informal endings to indicate that a sentence is ended. There are three types of informal endings(-아/어/여요), and the vowel of the verb stem decides which informal ending should be used.

● '사실은' : In fact, as a matter of fact

잘 알려져 있지 않은 일을 말하거나 자신이 하는 말에 거짓이 없음을 강조할 때 사용하는 표현이다. 실제로 과거에 있었던 일이나 현재 사실 또는 미래에 일어날 것으로 추정하는 일을 말할 때도 사용한다. It is an expression used to tell something that is unknown, or to emphasize that there is no falsity in what is being said. It is also used when telling about something that actually happened in the past, a current fact, or something assumed to happen in the future.

- **사실은** 숙제를 못 했어요. Actually, I didn't do my homework.
- **사실은** 다른 약속이 있어요. In fact, I have another promise.
- **사실은** 매운 음식을 좋아해요. In fact, I like hot food.
- **사실은** 이 옷이 마음에 들지 않아요. As a matter of fact, I don't like these clothes.

소지품 Personal Belongings
- 필통 pencil case
- 볼펜 ballpoint pen
- 지우개 eraser
- 연필 pencil
- 우산 umbrella
- 손수건 handkerchief

연습 Practice

1. 따라 말하세요. (14)
Speak aloud after each sentence.

1) A 민호 씨가 이런 걸 써요?
   B 사실은 제 여동생 건데 제가 급해서 들고 나왔어요.

2. 아래 단어를 보기와 같이 말해 보세요.
Change the given phrases, as shown in the example and speak aloud.

ex. 나의 것 → 내 것 → 내 거

1) 너의 것 → _____ → _____

2) 저의 것 → _____ → _____

ex. 나 + 가 → 내가

3) 너 + 가 → _____

4) 저 + 가 → _____

ex. 나 → 우리

5) 너 → _____

6) 저 → _____

3. '사실은'을 사용해서 말해 보세요.
Answer the following questions using '사실은'.

> **ex.** A : 오늘 왜 이렇게 늦었어요?
> B : (아침에 늦잠을 자다) 사실은 아침에 늦잠을 자서 늦었어요.

1) **A** : 여자 친구는 왜 안 왔어요?
   B : (일이 많다) _____ 안 왔어요.

2) **A** : 왜 민호 씨가 이런 우산을 써요?
   B : (급하다) _____ 들고 나왔어요.

3) **A** : 언제 저희 집에 올 수 있어요?
   B : (시간이 없다) _____ 갈 수 없어요.

4) **A** : 토요일에 등산갈 수 있어요?
   B : (다리를 다치다) _____ 못 가요.

활동 Activities

▶ 두 명씩 짝을 지어 '거짓말하기 게임'을 한다. 한 사람이 어떤 질문을 하면 다른 사람은 '사실은-'이라고 말하며 거짓말을 하는 방식으로 진행한다. 선생님이 시범적으로 영어권 학생을 지목하며 'OO 씨! 미국 사람이지요?'라고 질문하면 그 학생은 '저는 미국 사람이 아니에요. 사실은 태국 사람이에요.'라고 대답하는 방식임을 보여 주면 어렵지 않게 진행할 수 있다.

이렇게 말하면 돼요! Practice Answers

2. 1) 네 것 → 네 거
2) 제 것 → 제 거
3) 네가
4) 제가
5) 너희
6) 저희

3. 1) 사실은 일이 많아서
2) 사실은 급해서
3) 사실은 시간이 없어서
4) 사실은 다리를 다쳐서

08 분실물센터(1)

대화 Conversation

A 어떻게 오셨어요?

B 제가 핸드폰을 잃어버려서요.

A 어디서 분실하셨어요?

B 2층 화장실에 둔 것 같아요.

A 여기 성함이랑 연락처 적어 주세요.

Translation

A What brings you here?
B I lost my cell phone.
A Where did you lose it?
B I think I left it in the restroom on the second floor.
A Please write down you name and contact information here.

단어와 표현 Words and Expressions

- **어떻게 오셨어요?** : What brought you here?

  어떻게 + 오(다) + -시- + -었- + -어요
  how / to come / honorific / past tense / ending

- **핸드폰을** : 핸드폰 + -을
  cell phone / objective marker

- **잃어버려서요** : because I lost it

  잃어버리(다) + -어서- + -요
  to lose / connective (because) / marker

- **어디서** : where

- **분실하셨어요?** : Did you lose it?

  분실하(다) + -시- + -었- + -어요?
  to lose / honorific / past tense / ending

- **2층** : the second floor

- **화장실에** : 화장실 + -에
  restroom / marker(at, in)

- **둔 것 같아요** : it seems that I leave

  두(다) + -ㄴ 것 같(다) + -아요
  to put, to leave / to seem / ending

- **여기** : here

- **성함이랑 연락처** :

  성함 + -이랑 + 연락처
  name / marker(and) / contact information

- **적어 주세요** : Please write down

  적(다) + -아/어 주(다) + -세요
  to write / to do something for someone / ending

◉— '명사 + -(이)랑' : and

명사에 붙어서 사물이나 사람을 나열할 때 사용한다. 받침이 있으면 '-이랑', 받침이 없으면 '-랑'이 온다. '-와/과'와 의미는 같지만 '-와/과'가 주로 문어체에서 사용되는 것과 달리 '-(이)랑'은 '-하고'와 같이 주로 구어체에서 사용한다. Attached to a noun, it is used when listing items or people. '-이랑' is combined if the noun ends with a final consonant, and '-랑' if it ends with a vowel. It has the same meaning as '-와/과', but '-(이)랑' and '-하고' are used in colloquial language, as opposed to '-와/과', which is used in writing.

- 볼펜**이랑** 노트가 필요해요. I need a ballpoint pen and a notebook.
- 선생님**이랑** 친구가 보고 싶어요. I miss my teacher and my friend.
- 사과**랑** 오렌지 주스가 있어요. There is apple juice and orange juice.
- 관광지는 제주도**랑** 설악산이 유명해요.
  As for tourist attractions, Jeju-do and Seoraksan are famous.

◉— '-요' : marker

'-아서', '-니까', '-는데'와 같은 연결 어미에 붙어서 상대방에 대한 높임을 표시하면서 문장을 끝낼 때 사용한다. Attached to a connective ending such as '-아서', '-니까', or '-는데', it is used as an honorific sentence ending.

가 : 나타리 씨 어디 가세**요**? Natalie, where are you going?
나 : 수업이 있어서**요**. I have a class.

가 : 정말 열심히 공부하시네요. You are studying really hard.
나 : 재미있으니까요. Because it's fun.

● '여기/저기/거기' : Here / There / Over There

- **여기** 앉으세요. Sit here.
- **저기** 택시가 오네요. A taxi is coming from over there.
- **거기** 누구세요? Who's there?

연습 Practice

1. 따라 말하세요. 🔊16
Speak aloud after each sentence.

1) A 어떻게 오셨어요?
   B 제가 핸드폰을 잃어버려서요.

2. '-(이)랑'을 사용해서 말해 보세요.
Speak using '-(이)랑' as shown in the example.

> **ex.** 자동차/비행기 → 자동차랑 비행기

1) 사과/배   2) 할아버지/할머니   3) 볼펜/지우개   4) 선생님/학생

3. '-(이)랑'을 사용해서 말해 보세요.
Answer the following questions using '-(이)랑'.

> **ex.** A : 아침에 무엇을 먹었어요?
> B : (우유/빵) 아침에 우유랑 빵을 먹었어요.

1) A : 친구와 운동장에서 무엇을 했어요?
   B : (농구/축구) _____.

2) A : 과일 중에서 무엇을 좋아해요?
   B : (사과/복숭아) _____.

3) A : 주말에 어디에 갔어요?
   B : (부산/대전) _____.

4) A : 도서관에서 무엇을 했어요?
   B : (책/신문) _____.

4. '-요'를 사용해서 말해 보세요.
Answer the following questions using '-요'.

> **ex.** A : 어제 수업에 왜 안 왔어요?
> B : (아프다) 아파서요.

1) A : 왜 집에 일찍 왔어요?
   B : (피곤하다) _____.

2) A : 오늘 학교에 왜 안 가세요?
   B : (수업이 없다) _____.

3) A : 저녁을 왜 안 드세요?
   B : (다이어트하다) _____.

4) A : 그 가방 왜 안 사요?
   B : (비싸다) _____.

활동 Activities

▶ 교실에 있는 사물이나 학생들의 위치를 묻고 대답하는 활동을 한다. 먼저 선생님이 질문을 시작한다. "OO 씨, 칠판은 어디에 있어요?" 학생은 '여기/저기/거기'를 이용하여 '여기요/저기요/거기요'로 대답한다. 선생님의 질문이 끝나면 학생들끼리 "OO 씨는 어디에 있어요?"라는 질문을 해서 대답하도록 한다.

이렇게 말하면 돼요! Practice Answers

2. 1) 사과랑 배
2) 할아버지랑 할머니
3) 볼펜이랑 지우개
4) 선생님이랑 학생

3. 1) 친구와 운동장에서 농구랑 축구를 했어요.
2) 과일 중에서 사과랑 복숭아를 좋아해요.
3) 주말에 부산이랑 대전에 갔어요.
4) 도서관에서 책이랑 신문을 읽었어요.

4. 1) 피곤해서요.
2) 수업이 없어서요.
3) 다이어트해서요.
4) 비싸서요.

09 분실물센터(2)

대화 Conversation

A 여보세요? 가방 분실해서 신고한 분이시죠?

B 네, 맞아요. 제 가방을 찾으셨어요?

A 잃어버리신 가방이 어떤 가방이에요?

B 큰 갈색 서류가방이에요.

A 네, 저희가 보관하고 있으니까 찾으러 오세요.

Translation

A Hello? Is this the person who reported a lost bag?
B Yes, that's right. Did you find my bag?
A What kind of bag did you lose?
B It's a big brown brief case.
A Yes, we have it here, so please come to get it.

단어와 표현 Words and Expressions

- 여보세요? : Hello?
- 가방 : bag
- 분실해서 : because I lost it
  - 분실하(다) + -여서
  - to lose   connective(because)
- 신고한 분이시죠? :
  - 신고하(다) + -ㄴ + 분 + -이(다) + -시- + -죠?
  - to report modifier person to be honorific ending
- 네, 맞아요. : Yes, that's right.
- 가방을 : 가방 + -을
  - bag   objective marker
- 찾으셨어요? : Did you find the bag?
  - 찾(다) + -으시- + -었- + -어요?
  - to find honorific past tense ending
- 잃어버리신 : 잃어버리(다) + -시- + -ㄴ
  - to lose   honorific modifier
- 가방이 : 가방 + -이
  - bag   subjective marker
- 어떤 가방이에요? : What kind of bag?
  - 어떤 + 가방 + -이에요?
  - what kind of bag ending
- 큰 갈색 : 크(다) + -ㄴ + 갈색
  - to be big modifier brown
- 서류가방이에요 : 서류가방 + -이에요
  - brief case   ending
- 저희 : we(humble expression)
- 보관하고 있으니까 : because we keep it
  - 보관하(다) + -고 있(다) + -으니까
  - to keep   ~ing   connective(because)
- 찾으러 오세요 : come to get it
  - 찾(다) + -으러 + 오(다) + -세요
  - to get in order to come ending(order)

● '동사 + -(으)ㄴ + 명사' : modifier

'-(으)ㄴ'은 동사에 붙어서 과거에 일어난 행위와 관련되거나 결과에 해당하는 명사를 수식할 때 쓰인다. 받침이 없거나 'ㄹ' 받침이 오는 경우에는 '-ㄴ', 'ㄹ' 받침을 제외한 나머지 받침이 오는 경우에는 '-은'이 온다. Attached to a verb, '-(으)ㄴ' is used to modify a noun related to an action that happened in the past, or a noun indicating the result of it. '-ㄴ' is combined if the verb ends with a vowel or 'ㄹ', and '-은' if it ends with a final consonants other than 'ㄹ'.

- 어제 내가 **만난** 사람은 스테판이에요. The man who I met yesterday was Stephan.
- 그 사람이 **그린** 그림이에요. It's a picture that he painted.
- 내가 **읽은** 책이 이 책이에요. This is the book which I read.
- 집 앞 가게에서 **산** 과일이 제일 맛있어요.
  The fruit that I bought from the store in front of my house are the most delicious.

● '-(으)시-' : honorific

동사나 형용사에 붙어서 행동이나 상태의 주체, 문장의 주어를 높이고자 할 때 사용한다. Attached to a verb or an adjective, it is used to make honorific forms for the agent of an action or a state, or a subject of the sentence.

- 할아버지께서는 책을 좋아하**십**니다. My grandfather likes books.
- 어머니는 키가 크**십**니다. My mother is tall.
- 김 선생님은 10년 동안 한국어를 가르치**셨**습니다.
  Mr. Kim has taught Korean for 10 years.

공공기관 Public Institutions
- 경찰서 police station
- 출입국관리소 immigration office
- 소방서 fire station
- 도서관 library
- 우체국 post office
- 시청 city hall

연습 Practice

1. 따라 말하세요. 🔊
Speak aloud after each sentence.

1) 네, 맞아요. 제 가방을 찾으셨어요?

2) 잃어버리신 가방이 어떤 가방이에요?

2. 아래 단어에 '-(으)시-'를 넣어서 높임 표현으로 말하세요.
Add '-(으)시-' to the given word to give it an honorific meaning and speak aloud.

ex. 노래하다 + -(으)시- → 노래하십니다

1) 공부하다
2) 보다
3) 만들다
4) 일어나다
5) 놀다
6) 눕다

+ -(으)시-

3. '-(으)ㄴ'을 넣어서 보기와 같이 말해보세요.
Pair with '-(으)ㄴ' and speak aloud.

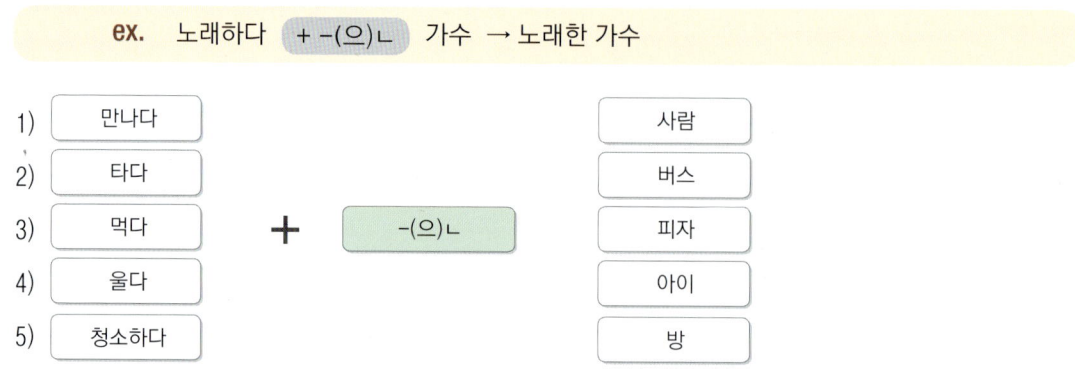

활동 Activities

▶ 분실물센터에서 일어날 수 있는 대화를 만들어서 실제로 역할극을 해 본다. 본문 내용을 가지고 '가방'이 아닌 다른 물건으로 바꾸어서 연습해 보는 것도 좋다. 이 때 '-(으)ㄴ'과 높임 표현을 틀리지 않고 사용하는 것에 주의하도록 한다.

이렇게 말하면 돼요! Practice Answers

2. 1) 공부하십니다
2) 보십니다
3) 만드십니다
4) 일어나십니다
5) 노십니다
6) 누우십니다

3. 1) 만난 사람
2) 탄 버스
3) 먹은 피자
4) 운 아이
5) 청소한 방

10 휴게실(1)

대화 Conversation

- A 생일이 언제예요?
- B 저는 유월 십일이에요.
- A 저는 시월에 태어났어요.
- B 시월 며칠이에요?
- A 시월 십이일이에요.

Translation
- A When is your birthday?
- B Mine is on June 10th.
- A I was born in October.
- B On which day in October?
- A On October 12th.

단어와 표현 Words and Expressions

- 생일 : birthday
- 언제예요? : When is it?
- 유월 : June
- 십일이에요 : 십 + 일 + -이(다) + -어요
                ten date to be   ending
- 시월 : October
- 태어났어요 : was born

  태어나(다) + -았- + -어요
  to be born past tense ending
- 며칠이에요? : What's the date?

  며칠 + -이(다) + -어요
  what date to be   ending(question)

⊙─ '몇 월 며칠이에요?' : What is the month and day -?

오늘이나 내일, 또는 생일 등 어떤 특정한 날의 정확한 날짜를 물을 때 사용한다. '며칠이에요?'라고 할 수도 있지만 월까지 정확하게 알고 싶을 때 사용한다. This expression is used to ask the exact date of a particular day. Though you can say '며칠이에요?' the expression is used when you want to know the exact month and day.

- 오늘이 **몇 월 며칠이에요**? What's the date today?
- 한국어능력시험이 **몇 월 며칠이에요**? What's the date of the TOPIK test?
- 스테판 씨 생일이 **몇 월 며칠이에요**? What's the date of Stephan's birthday?

⊙─ '명사 + -이/가 언제예요?' : When is -?

생일과 같은 특별한 날의 날짜를 물어볼 때 사용한다. '언제예요?' 대신에 '몇 월 며칠이에요?'를 사용할 수도 있다. This expressions is used to ask the date of a special day like a birthday. '몇 월 며칠이에요?' can be used instead of '언제예요?'

- 결혼식**이 언제예요**? When is your wedding day?
- 방학**이 언제예요**? When is the vacation?
- 개학**이 언제예요**? When is the beginning of the school year?
- 휴가**가 언제예요**? When are your holidays?

날짜 Date

월	1	2	3	4	5	6	7	8	9	10	11	12
	일월	이월	삼월	사월	오월	유월	칠월	팔월	구월	시월	십일월	십이월

1	2	3	4	5	6	7	8	9	10
일일	이일	삼일	사일	오일	육일	칠일	팔일	구일	십일
11	12	13	14	15	16	17	18	19	20
십일일	십이일	십삼일	십사일	십오일	십육일	십칠일	십팔일	십구일	이십일
21	22	23	24	25	26	27	28	29	30	31
이십일일	이십이일	이십삼일	이십사일	이십오일	이십육일	이십칠일	이십팔일	이십구일	삼십일	삼십일일

* 6월 → 유월   * 10월 → 시월

연습 Practice

1. 따라 말하세요. (20)

Speak aloud after each sentence.

1) 생일이 언제예요?

2) A 시월 며칠이에요?
   B 시월 십이일이에요.

2. '월'과 '일'을 사용해서 말해 보세요.

Pair '월' and '일' with each number and speak aloud.

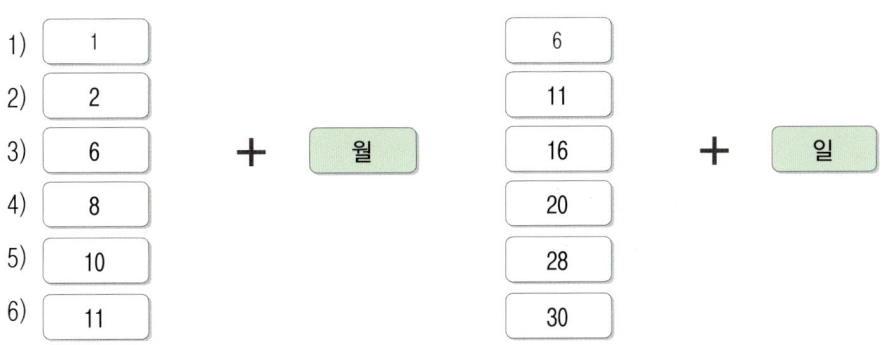

3. '월, 일'을 사용해서 말해 보세요.
Answer the following questions using '월, 일'.

> **ex.** A : 축제가 언제예요?
> B : (5월 7일) 오월 칠일이에요.

1) A : 여름방학이 언제예요?
   B : (7월 20일) _____.

2) A : 파티가 언제예요?
   B : (11월 30일) _____.

3) A : 시험이 언제예요?
   B : (6월 8일) _____.

4) A : 개학이 언제예요?
   B : (9월 1일) _____.

활동 Activities

▶ 달력을 학생의 숫자만큼 복사해서 준비한다. 학생은 각자의 달력에 자신의 중요한 날을 동그라미하고 그날이 무슨 날인지 쓴다. 서로 달력을 바꿔서 달력에 표시된 날을 질문한다. 예를 들어, '어머니 생신이 언제예요?'라고 물으면 질문을 받은 학생은 날짜를 말하는 방식이다.

더 해보기 Further Practice

▶ 위 활동이 익숙해지면 달력에 있는 날짜를 가지고 질문을 하는 활동을 진행한다. 동그라미가 있는 날짜를 말하며 '5월 4일은 무슨 날이에요?'라고 물으면 질문을 받은 학생은 '5월 4일은 제 어머니 생신이에요'라고 대답하는 방식으로 이어간다.

이렇게 말하면 돼요! Practice Answers

2. 1) 일월 육일
2) 이월 십일일
3) 유월 십육일
4) 팔월 이십일
5) 시월 이십팔일
6) 십일월 삼십일

3. 1) 칠월 이십일이에요.
2) 십일월 삼십일이에요.
3) 유월 팔일이에요.
4) 구월 일일이에요.

11 휴게실(2)

대화 Conversation

A 몇 살이에요?

B 제 나이요? 올해 스물 여섯 살이에요.
하나 씨는 몇 년도 생이세요?

B 저는 1988년도에 태어났어요.

A 그래요? 제가 87년생이니까 저보다 한 살 어리네요.

Translation

A How old are you?
B My age? I'm 26 this year. In what year were you born, Hana?
A I was born in 1988.
B Were you? I was born in '87, so you are a year younger than me.

단어와 표현 Words and Expressions

- 몇 살이에요? : How old are you?

  몇 + 살 + -이(다) + -어요?
  how many age to be ending

- 나이요? : 나이 + -요?
  age marker

- 올해 : this year

- 스물 : 20

- 몇 년도 생이세요? :
  In what year were you born?

- 1988년도 : the year 1988

- 그래요? : Were you?

- 저보다 : 저 + -보다
  I(humble expression) than

- 한 살 : 한 + 살
  one year

- 어리네요 : 어리(다) + -네요
  to be young ending(exclamation)

● '몇 + 단위명사' : How many, how(old), what(time)

'몇'은 단위명사(살, 년, 시간, 개, 장 등)와 함께 쓰여서 수나 양을 물을 때 사용한다. '몇' is used with measurement nouns such as (살, 년, 시간, 개, 장, etc.) to ask about an amount or quantity.

- **몇** 시간 공부했어요? How many hours did you study?
- **몇** 사람 올 거예요? How many people will come?
- 남학생이 **몇** 명이에요? How many male students are there?

● '명사 + -보다' : than

명사에 붙어서 앞이나 뒤에 오는 다른 명사와 비교할 때 사용한다. '보다'와 함께 '더'가 쓰이면 많거나 나음을 표현하고, '덜'이 오면 적거나 못함을 나타낸다. Attached to a noun, it is used when comparing a noun to one preceding or following it. If '더' is used in conjunction with '보다', it indicates more or better. It expresses less or worse if '덜' is used in conjunction.

- 저는 형**보다** 키가 커요. (=저는 형보다 키가 더 커요.)
  I'm taller than my elder brother.
- 서울은 제 고향**보다** 더워요. Seoul is hotter than my hometown.
- 날씨가 어제**보다** 좋아요. The weather is better than yesterday.
- 철수가 영희**보다** 달리기를 더 잘해요. Cheolsu runs better than Yeonghui.

● 연도 Year

천	백	십	일	년
1	9	9	9	년
천	구백	구십	구	년

	1	2	3	4	5	6	7	8	9
천	천(일천x)	이천	삼천	사천	오천	육천	칠천	팔천	구천
백	백(일백x)	이백	삼백	사백	오백	육백	칠백	팔백	구백
십	십(일십x)	이십	삼십	사십	오십	육십	칠십	팔십	구십
일	일	이	삼	사	오	육	칠	팔	구

- 1939년 : 천구백삼십구 년
- 1120년 : 천백이십 년
- 1010년 : 천십 년
- 2013년 : 이천십삼 년

* 천, 백, 십의 자리수가 1일 경우에는 '일'을 따로 읽지 않는다. 예를 들어 천의 자리가 1일 경우에는 일천이 아니고 '천'이라고 읽는다. 단, 일의 자리는 '일'이라고 읽는다. 따라서 1111년의 경우에는 '천백십일년'이 된다. '일' is not read if the number 1 is in the thousands, hundreds, or tens positions. For example, you don't say '일천' but '천' the number 1 is in the thousands position. However, '일' is read when in the ones positions. For example, year 1111 should be read '천백십일년'.

연습 Practice

1. 따라 말하세요.
Speak aloud after each sentence.

1) A 몇 살이에요?
   B 제 나이요? 올해 스물 여섯 살이에요.

2. 연도를 말해 보세요.
Read each year aloud.

1) 1909년   2) 1988년   3) 2000년   4) 2010년   5) 2016년

3. '-보다'를 사용해서 말해 보세요.
Look at the picture and answer the question aloud using '-보다.'

A : 누가 더 커요?
B : 철수가 민수보다 커요.

1)

A : 어느 산이 더 높아요?
B : _____.

2)

A : 어느 것이 더 비싸요?
B : _____.

3)

A : 누가 더 나이가 많아요?
B : _____.

활동 Activities

▶ 두 명씩 앞으로 나오게 한다. 그리고 두 사람에 대한 질문을 한다. 'OO 씨, 고향이 어디예요? 중국이에요. OO 씨 고향이 어디예요? 미국이에요' 그러면 교사는 다시 전체 학생에게 '누구의 고향이 더 멀어요?'라고 질문한다. 학생들은 'OO 씨 고향이 OO 씨 고향보다 더 멀어요.'라고 대답한다. 아래와 같은 질문도 가능하다.

- 친구가 몇 명이에요? 누가 더 친구가 많아요?
- 키가 몇이에요? 누가 더 키가 커요?
- 나이가 몇 살이에요? 누가 더 나이가 많아요?

더 해보기 Further Practice

▶ 학생들에게 '덜'의 의미도 가르쳐 주고 '더' 또는 '덜'을 이용하여 문장을 만들도록 한다. 먼저 '더'를 이용한 문장을 만들게 하고 '덜'을 이용한 문장으로 바꾸게 한다. 교사가 먼저 학생 1에게 질문한다. 그리고 다음과 같이 학생 1이 답을 하면 학생 2가 '덜'의 문장으로 바꿔 말한다.

교　사 : 밥이 맛있어요? 빵이 맛있어요?
학생 1 : 밥이 빵보다 더 맛있어요
학생 2 : 빵이 밥보다 덜 맛있어요.

이렇게 말하면 돼요! Practice Answers

2. 1) 천구백구 년
2) 천구백팔십팔 년
3) 이천 년
4) 이천십 년
5) 이천십육 년

3. 1) 남산보다 에베레스트가 더 높아요.
2) 양말보다 가방이 더 비싸요.
3) 언니보다 오빠가 더 나이가 많아요.

12 휴게실(3)

대화 Conversation

A 스테판 씨는 형이나 동생이 있어요?

B 네, 여동생이 하나 있어요. 매튜 씨는요?

A 저는 누나가 있어요.

B 부러워요. 저도 누나가 있으면 좋겠어요.

A 그래요? 별로 좋지 않아요. 전 여동생이 있으면 좋겠는데요.

Translation

A Stephan, do you have an older brother or younger sibling?
B Yes, I have a younger sister. How about you, Matthew?
A I have an older sister.
B I envy you. I wish I had an older sister.
A Do you? It's not that good. I wish I had a younger sister.

단어와 표현 Words and Expressions

- 형이나 동생 : 형 + -이나 + 동생
  older brothers   marker(or)   younger brothers or sisters
- 하나 : one
- OO 씨는요? : What about you, OO?
- 누나 : older sister
- 부러워요 : 부럽(다) + -어요
  to be enviable   ending
- 저도 : me too
- 누나가 : 누나 + -가
  older sister   subjective marker
- 있으면 좋겠어요 : I wish I had -
  있(다) + -으면 좋겠어요
  to have   I wish -
- 별로 좋지 않아요 : not that good
- 여동생 : younger sister

○─ '명사 + -(이)나 + 명사' : or

'-(이)나'는 둘 이상의 사람이나 사물을 나열할 때 쓰는 조사이다. 앞 명사의 끝음절에 받침이 있으면 '-이나' 없으면 '-나'가 온다. '-(이)나' is a marker which is used to list two or more items or people. '-이나' is combined if the last syllable of the preceding noun has a final consonant, and '-나' if the last syllable ends with a vowel.

- 아침에는 빵**이나** 밥을 먹어요. I eat bread or rice for breakfast.
- 미국**이나** 프랑스로 유학을 갈 것 같아요. I think I'll go to the USA or France to study.

○─ '별로 + -지 않다' : not that good -

'별로'는 부정을 나타내는 '-지 않다'와 같이 쓰여 부정의 정도가 약함을 나타낸다. '아주 + 형용사'와 같은 강한 긍정에 대조되는 부정 표현으로서 '약간 -하다'는 의미를 나타낼 때 쓴다. Used with '-지 않다' which indicates negation, '별로' expresses that the degree of negation is week. As a negative expression that contrasts with strong affirmation such as '아주 + Adjective', it is used to denote the meaning of 'be - a little'.

○─ 가족관계 Family Relations

- 할머니 grandmother
- 할아버지 grandfather
- 고모 aunt (father's sister)
- 삼촌 uncle (father's brother)
- 큰아버지 uncle (father's elder brother)
- 아버지 father
- 어머니 mother
- 이모 aunt (mother's sister)
- 외삼촌 uncle (mother's brother)
- 누나(언니) older sister
- 형(오빠) older brother
- 동생 younger sibling

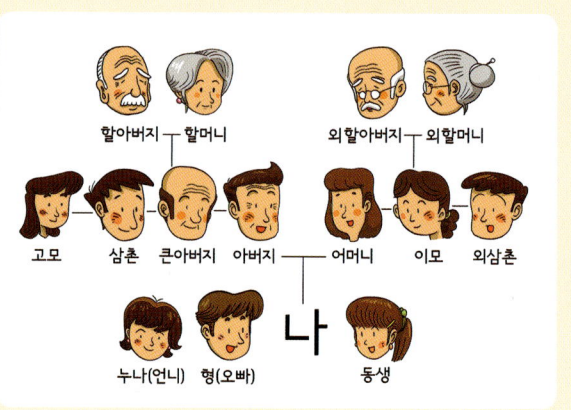

연습 Practice

1. 따라 말하세요. 🔊24
Speak aloud after each sentence.

1) **A** 저는 누나가 있어요.
   B 부러워요. 저도 누나가 있으면 좋겠어요.

2. '-(이)나'를 사용해서 말해 보세요.
Speak using '-(이)나' as shown in the example.

> **ex.** 우유/주스 → 우유나 주스 다 좋아요.

1) 산/바다   → _____.

2) 사과/배   → _____.

3) 아파트/주택   → _____.

4) 독일/영국   → _____.

3. '별로 -지 않다'를 사용해서 말해 보세요.
Answer the following questions using '별로 -지 않다'.

> **A** : 여자 친구가 예뻐요?
> **B** : 아뇨, 별로 예쁘지 않아요.

1) **A** : 오늘 날씨가 추워요?
   B : 아뇨, _____.

2) **A** : 이 영화가 재미있어요?
   B : 아뇨, _____.

3) **A** : 사람들이 많이 왔어요?
   B : 아뇨, _____.

4) **A** : 영어를 잘 해요?
   B : 아뇨, _____.

4. '-(이)나'를 사용해서 말해 보세요.
Answer the following questions using '-(이)나'.

> **ex.** A : 주말에 무엇을 할까요?
> B : (TV/영화) TV나 영화를 봅시다.

1) A : 우리 무엇을 먹을까요?
   B : (자장면/짬뽕) _____.

2) A : 어디로 갈까요?
   B : (도서관/교실) _____.

3) A : 무엇을 살까요?
   B : (생선/고기) _____.

4) A : 언제 만날까요?
   B : (아침/저녁) _____.

활동 Activities

▶ 주말에 무엇을 하는지에 대한 설문조사 활동을 한다. 예를 들면 '주말에 무엇을 해요?'라는 질문을 해서 모든 학생이 각자 말하기 활동을 한 다음에 가장 많이 나온 답이 무엇인지 정리해 본다.

더 해보기 Further Practice

▶ 스타, 음식, 옷, 경치 등의 여러 가지 사진을 준비한다. 사진을 보며 한 학생이 '너무 -지 않아요?'를 써서 물으면 다른 학생이 '별로 -지 않아요'라고 대답하는 활동을 한다. 자기가 좋아하는 스타나 자기가 좋아하는 것을 말하게 한다. 예를 들어, '비빔밥 너무 맛있지 않아요?'라고 말하면 '별로 맛있지 않아요.'라고 대응하는 방식으로 진행한다. 학생들로 하여금 과장하며 연기를 하도록 하는 것도 재미있게 활동할 수 있는 방법이다.

이렇게 말하면 돼요! Practice Answers

2. 1) 산이나 바다 다 좋아요.
2) 사과나 배 다 좋아요.
3) 아파트나 주택 다 좋아요.
4) 독일이나 영국 다 좋아요.

3. 1) 별로 춥지 않아요.
2) 별로 재미있지 않아요.
3) 별로 오지 않았어요.
4) 별로 잘하지 않아요.

4. 1) 자장면이나 짬뽕을 먹읍시다.
2) 도서관이나 교실로 갑시다.
3) 생선이나 고기를 삽시다.
4) 아침이나 저녁에 만납시다.

13 휴게실(4)

대화 Conversation

- A 준호 씨는 몇 째예요?
- B 저는 첫째예요. 2남 2녀 중에서 장남이에요.
- A 형제가 많으시네요. 저는 외동딸이에요.
- B 그럼 혼자예요?
- A 네, 저밖에 없어요.

Translation

A Junho, what's your ordinal position among your siblings?
B I'm the oldest. I'm the oldest son among two sons and two daughters.
A You have many brothers and sisters. I'm an only daughter.
B Then are you an only child?
A Yes, there's only me.

단어와 표현 Words and Expressions

- 몇째 : ordinal position among one's brothers and sisters
- 중 : among
- 장남 : the first son
- 형제 : brother
- 많으시네요 : have a lot of something
  많(다) + -으시- + -네요
  to be a lot honorific ending
- 외동딸 : only daughter
- 혼자예요? : Are you an only child?
- 저밖에 없어요. : I'm an only child. I don't have any brothers and sisters.

○─ '명사 + -밖에' : marker(only)

명사에 붙어 그 명사 하나뿐이어서 선택의 여지가 없음을 말할 때 사용한다. 뒤에는 반드시 부정 표현이 와야 한다. 그러나 '이다'의 부정형 '아니다'와는 결합하지 않는다. Attached to a noun, it is used to express that there is no other choice because the noun is the only option. A negative expression must follow it. However, it doesn't combine with '아니다' which is a negative form of '이다'.

- 오늘은 세 시간**밖에** 못 잤어요. I slept for only three hours.
- 친구들이 열 명**밖에** 안 왔어요. Only 10 friends came.
- 1,000원**밖에** 없어요. I have only 1,000 won.

○─ '명사 + 중에서' : among

'중에서'는 명사 뒤에 와서 여러 명의 사람이나 사물 가운데의 의미를 나타낸다. Following a noun, '중에서' means 'among a number of people or things'.

- 아버지가 가족 **중에서** 가장 키가 커요. My father is the tallest among my family.
- 우리 반 학생 **중에서** 저만 남자입니다.
  I'm the only man among the students in my class.
- 외국어 **중에서** 한국어를 가장 좋아합니다. I like Korean the most among foreign languages.

○─ 서수 Ordinal Numbers

- 첫째 first
- 둘째 second
- 셋째 third
- 넷째 fourth
- 다섯째 fifth
- 여섯째 sixth
- 일곱째 seventh
- 여덟째 eighth
- 아홉째 ninth
- 열째 tenth

연습 Practice

1. 따라 말하세요. 🔊26
Speak aloud after each sentence.

1) A 형제가 많으시네요. 저는 외동딸이에요.
   B 그럼 혼자예요?

2. '-밖에'를 사용해서 말해 보세요.
Speak using '-밖에' as shown in the example.

> **ex.** 1개/없다 → 1개밖에 없어요.

1) 2그릇/안 먹다   → _____.

2) 100원/없어요   → _____.

3) 물/안 사다   → _____.

3. '중에서'를 사용해서 말해 보세요.
Speak using '중에서' as shown in the example.

> **ex.** 우리 반/제일 크다 → 우리 반 중에서 제일 커요.

1) 한국 드라마/제일 재미있다 → _____.

2) 가수/제일 인기가 많다   → _____.

3) 대학교/제일 유명하다   → _____.

4. '-밖에'를 사용해서 말해 보세요.
Answer the following questions using '-밖에'.

> **ex.** A : 교실에 학생이 몇 명 있어요?
> B : (2명) 2명밖에 없어요.

1) A : 아이스크림을 몇 개 먹었어요?
   B : (1개) _____.

2) A : 비행기 출발 시간이 얼마나 남았어요?
   B : (10분) _____.

3) **A** : 어제 몇 시간 잤어요?
　　B : (4시간) _____.

5. '중에서'를 사용해서 말해 보세요.
　　Answer the following questions using '중에서'.

> **ex.**　**A** : 한국 음식 중에서 무엇이 제일 맛있어요?
> 　　　　**B** : (불고기) 한국 음식 중에서 불고기가 제일 맛있어요.

1) **A** : 친구들 중에서 누가 가장 운동을 잘해요?
　　B : (스테판) _____.

2) **A** : 가족 중에서 누가 가장 키가 커요?
　　B : (아버지) _____.

3) **A** : 과일 중에서 무엇을 제일 좋아해요?
　　B : (사과) _____.

활동 Activities

▶ 학생들에 대해 각자 '우리 반에서 누가 가장 –합니까?'와 같은 질문을 만들게 한다. 돌아가면서 친구들에게 질문을 하면 나머지 친구들은 동시에 질문에 대답을 하거나 그 친구를 가리키도록 하는 방식으로 진행한다. 그리고 다음 사람이 질문하게 하여 이어 나간다.

더 해보기 Further Practice

▶ 의자 뺏기 게임을 한다. 학생 숫자보다 하나 적게 의자를 놓고 노래를 부른 다음 멈추는 부분에서 자리에 앉지 못하는 학생을 '밖에'를 사용해서 이야기해 보게 한다. 선생님은 '의자에 앉지 못한 사람은 누구예요?'라고 질문한다. 나머지 학생들은 '의자에 앉지 못한 사람은 OOO밖에 없어요.'라고 대답한다. 마지막에는 '의자에 앉은 사람이 OOO밖에 없어요.'까지 대답하게 한다.

이렇게 말하면 돼요! Practice Answers

2. 1) 2그릇밖에 안 먹었어요.
　　2) 100원밖에 없어요.
　　3) 물밖에 안 샀어요.
3. 1) 한국 드라마 중에서 제일 재미있어요.
　　2) 가수 중에서 제일 인기가 많아요.
　　3) 대학교 중에서 제일 유명해요.

4. 1) 1개밖에 못(안) 먹었어요.
　　2) 10분밖에 안 남았어요.
　　3) 4시간밖에 못(안) 잤어요.
5. 1) 친구들 중에서 스테판이 가장 운동을 잘해요.
　　2) 가족 중에서 아버지가 가장 키가 커요.
　　3) 과일 중에서 사과를 제일 좋아해요.

14 거리에서(1)

대화 Conversation

A 저기…… 말씀 좀 묻겠습니다. 혹시 근처에 현금인출기가 있나요?

B 현금인출기요?

A 네, 아무래도 못 찾겠어요.

B 미안해요. 저도 여기가 처음이라서 잘 모르겠어요.

Translation

A: Excuse me, may I ask you a question? Is there an ATM near here by any chance?
B: An ATM?
A: Yes, I can't possibly find one.
B: I'm sorry, I don't know because I'm new here, too.

단어와 표현 Words and Expressions

- 저기 : excuse me
- 말씀 좀 묻겠습니다. : Let me ask a question.
- 혹시 : by any chance
- 근처에 : 근처 + -에
      near   marker(at, in)
- 현금인출기 : ATM
- 있나요? : Is there?
    있(다) + -나요?
    to be   ending(question)
- 아무래도 : No matter how much -
- 못 찾겠어요 : I can't find it.
    못 + 찾(다) + -겠- + -어요
    can't to search future tense ending
- 미안해요. : I'm sorry
- 저도 : 저 + -도
    I(humble expression) marker(also)
- 여기가 : 여기 + -가
    here subjective marker
- 처음이라서 : because it's the/my first time
    처음 + -이라서
    first connective(because)
- 잘 모르겠어요 : I don't know

● '명사 + -(이)라서' : Because it is -

명사에 붙어서 원인이나 이유를 나타낼 때 사용한다. 명사 끝음절에 받침이 있으면 '-이라서', 받침이 없으면 '-라서'가 온다. '명사 + -(이)어서'와 비슷한 의미이다. Attached to a noun, it is used to indicate reasons or causes. '-이라서' is combined if the last syllable of the noun has a final consonant, and '-라서' if the syllable ends with a vowel. It has a similar meaning to 'noun + -(이)어서'.

- 여름**이라서** 너무 더워요. It's too hot because it's summer.
- 여자**라서** 행복해요. I'm happy because I'm a woman.

● '아무래도 못 -' : I don't think -

'아무래도'는 '어떤 행위를 아무리 생각해 보아도' 또는 '아무리 이리저리 해 봐도 하기 힘든' 정도의 뜻을 나타낸다. 부정 표현 '못'이나 '-지 못하다'와 사용한다. '아무래도' denotes a meaning like 'even though thinking about a certain action again and again', or 'not being possibly achieved even though trying this way and that'. The negative expression '못' or '-지 못하다' is used with it.

- **아무래도 못** 갈 거 같아요. I don't think I can go in any way.
- **아무래도** 그 가방은 **못** 사겠어요. 너무 비싸요.
  I can't possibly buy the bag. It's too expensive.

● 은행 관련 어휘 Banking Terms

- 현금자동인출기 ATM
- 계좌이체 bank account transfer
- 입금 deposit
- 통장 bankbook
- 출금 withdrawal
- 예금주 account holder

연습 Practice

1. 따라 말하세요. 🎧28

Speak aloud after each sentence.

1) A 저기…… 말씀 좀 묻겠습니다. 혹시 근처에 현금인출기가 있나요?
   B 현금인출기요?

2. '-(이)라서'를 사용해서 말해 보세요.

Answer the following questions using '(이)라서'.

> **ex.** A : 왜 도서관에 학생들이 많아요?
> B : (시험기간) 시험 기간이라서 도서관에 학생들이 많아요.

1) A : 왜 저 사람과 함께 사진을 찍어요?
   B : (유명한 가수) _____.

2) A : 왜 길이 막혀요?
   B : (퇴근 시간) _____.

3) A : 왜 학생들이 없어요?
   B : (방학) _____.

4) A : 오늘 왜 파티를 해요?
   B : (내 생일) _____.

3. 어울리는 표현을 찾아서 문장을 말해 보세요.

Find the matching expression and speak the sentence aloud.

> **ex.** 너무 시끄러워서 •————————• 아무래도 못 자겠어요.

1) 음식이 너무 매워서 •   • 아무래도 못 걷겠어요.

2) 가방이 비싸서 •   • 아무래도 못 입겠어요.

3) 치마가 너무 짧아서 •   • 아무래도 못 사겠어요.

4) 다리가 아파서 •   • 아무래도 못 먹겠어요.

활동 Activities

▶ 학생에게 2~3분을 주어 '어떻게 해도 안 되는 것이 무엇인지'에 대해 각자 생각해 보게 한다. 그다음 한 사람씩 자신의 고민을 '아무래도 못-'을 사용해서 얘기하게 한다. 모두의 얘기가 끝나면 고민 해결 방법에 대해 이야기할 수도 있고 가장 재미있거나 공감하는 발표가 누구 것인지 정해 보는 것도 좋다.

이렇게 말하면 돼요! Practice Answers

2. 1) 유명한 가수라서 함께 사진을 찍어요.
2) 퇴근 시간이라서 길이 막혀요.
3) 방학이라서 학생들이 없어요.
4) 내 생일이라서 파티를 해요.

3. 1) 음식이 너무 매워서 아무래도 못 먹겠어요.
2) 가방이 비싸서 아무래도 못 사겠어요.
3) 치마가 너무 짧아서 아무래도 못 입겠어요.
4) 다리가 아파서 아무래도 못 걷겠어요.

15 거리에서(2)

대화 Conversation

A 저 혹시 버스 정류장이 어디에 있어요?

B 저기 길 가운데 보이시죠? 저기가 버스 타는 곳이에요.

A 아, 저기요?

B 횡단보도를 건너서 저기서 타시면 돼요.

A 감사합니다.

Translation

A Well, where is a bus stop?
B Do you see the middle of the street over there? That's where you take buses.
A Oh, over there?
B You should cross at the crosswalk and take one there.
A Thank you.

단어와 표현 Words and Expressions

- 저 : well
- 혹시 : by any chance
- 버스 정류장 : bus stop
- 어디에 있어요? : Where is it?

  어디 + -에 + 있(다) + -어요?
  where marker(at, in) to be ending

- 저기 : over there
- 길 가운데 : in the middle of the road

  길 + 가운데
  road middle

- 보이시죠? : Can you see?

  보이(다) + -시- + -죠?
  to be seen honorific ending(confirmation)

- 버스 타는 곳 : bus stop

  버스 + 타(다) + -는 + 곳
  bus to ride modifier place

- 횡단보도 : crosswalk
- 건너서 : cross the street
- 타시면 돼요 : It's ok to take a bus.

  타(다) + -시- + -면 돼요
  to ride honorific expression(It's ok)

○ '동사 + -아서/어서/여서' : (do) and (do)

'-아서/어서/여서'는 동사에 붙어서 그 동사의 행위가 뒤에 오는 행위보다 앞서 일어남을 나타낼 때 사용한다. 앞 뒤 두 행위가 밀접하게 연관이 있어서 앞의 행위 없이는 뒤의 행위가 일어날 수 없을 때 쓰인다. 동사의 모음이 'ㅏ, ㅗ'일 경우에는 '-아서', 그 이외의 모음이나 '이다', '아니다'가 올 경우에는 '-어서'의 형태로 사용한다. '-하다'류의 동사일 경우에는 '하여서'를 줄인 '해서'를 쓴다. Attached to a verb, '-아서/어서/여서' is used to indicate that the action described by the verb happens before the following action. It is used when those two actions are intimately related, therefore the following action cannot take place without the preceding action. In case of '-하다' type verbs, '해서' is used which is a contraction of '하여서'.

- 백화점에 가서 옷을 샀어요. I went to a department store and bought some clothes.
- 아침에 일어나서 운동을 해요. I wake up in the morning and exercise.
- 여행 가서 사진을 찍었어요. I went on a trip and took pictures.

○ '동사 + -는 곳' : place to do something

'-는 곳'은 동사에 붙어서 그 동사의 동작이나 행위가 일어나는 장소를 나타낼 때 사용한다. Attached to a verb, '-는 곳' is used to indicate the place where the action described by the verb takes place.

- 식사하는 곳이 어디에요? Where is the place for eating?
- 나가는 곳이 어디에요? Where is the exit?
- 표 사는 곳이 어디예요? Where is the place to buy a ticket?

○ 장소를 표시하는 말 Expressions Indicating Places

- 손 씻는 곳 Room for washing hands
- 들어가는 곳 Entrance
- 나가는 곳 Exit
- 먹는 곳 Eating Room

연습 Practice

1. 따라 말하세요. 🔊30

Speak aloud after each sentence.

1) 저기 길 가운데 보이시죠? 저기가 버스 타는 곳이에요.

2) 횡단보도를 건너서 저기서 타시면 돼요.

2. '-아서/어서/여서'를 사용해서 말해 보세요.

Combine the two sentences into one using '-고' and speak aloud.

> **ex.** 커피숍에 가다/이야기를 하다 → 커피숍에 가서 이야기를 해요.

1) 집에 오다/잠을 자요 → _____.

2) 피자를 만들다/먹어요 → _____.

3) 침대에 눕다/책을 읽어요 → _____.

3. '-는 곳이에요'를 사용해서 말해 보세요.

Speak using '는 곳이에요' as shown in the example.

> **ex.** 잠을 자다 → 잠을 자는 곳이에요.

1) 돈을 찾다 → _____.

2) 책을 읽다 → _____.

3) 밥을 먹다 → _____.

4. '-아서/어서/여서'를 사용해서 말해 보세요.

Answer the following questions using '-아서/어서/여서'.

> **ex.** A : 어제 뭐 했어요?
> B : (친구를 만나다/식사하다) 친구를 만나서 식사했어요.

1) A : 지난 주말에 뭐 했어요?
   B : (영화관에 가다/영화를 보다) _____.

2) A : 유미 씨하고 뭐 했어요?
   B : (공원 벤치에 앉다/이야기하다) _____.

3) **A** : 오늘 수업이 끝난 후에 뭐 할 거예요?
   B : (노래방에 가다/노래를 부르다) _____.

5. '-는 곳이에요'를 사용해서 말해 보세요.
Answer the `following questions using '-는 곳이에요'.

> **ex.** A : 무엇을 하는 곳이에요?
> B : (밥을 먹다) 밥을 먹는 곳이에요.

1) **A** : 무엇을 하는 곳이에요?
   B : (손을 씻다) _____.

2) **A** : 무엇을 하는 곳이에요?
   B : (물을 마시다) _____.

3) **A** : 무엇을 하는 곳이에요?
   B : (인터넷을 하다) _____.

활동 Activities

▶ 백화점, 교회, 시장, 가게, 학교 등의 장소를 나타내는 그림 카드를 준비한다. 이것들을 가지고 '-는 곳'을 사용하는 연습을 한다. 예를 들어, '백화점 - 물건을 사는 곳'이라 하고, '학교 - 공부하는 곳'이라고 말하는 연습을 몇 개 해 본다. 그다음 두 팀으로 나누어 교사가 그림 카드를 보여 주면 두 팀 중에서 먼저 손을 들어 정확한 문장을 말하는 팀이 1점씩 얻는다. 많은 점수를 받은 팀이 우승하는 방식으로 게임을 진행한다.

더 해보기 Further Practice

▶ 위 활동을 익숙하게 잘 해내면 두 팀으로 나누어서 '장소 스피드 퀴즈'를 해 보는 것도 좋다. 팀원 중에서 한 학생이 앞에 나가서 장소에 대해 설명을 하면 나머지 학생들은 그 장소 이름을 맞히는 게임이다. 정해진 시간 내에 많은 장소 이름을 맞히는 팀이 이기게 된다.

이렇게 말하면 돼요! Practice Answers

2. 1) 집에 와서 잠을 자요.
2) 피자를 만들어서 먹어요.
3) 침대에 누워서 책을 읽어요.
3. 1) 돈을 찾는 곳이에요.
2) 책을 읽는 곳이에요.
3) 밥을 먹는 곳이에요.

4. 1) 영화관에 가서 영화를 봤어요.
2) 공원 벤치에 앉아서 이야기했어요.
3) 노래방에 가서 노래를 부를 거예요.
5. 1) 손을 씻는 곳이에요.
2) 물을 마시는 곳이에요.
3) 인터넷을 하는 곳이에요.

16 식당(1)

대화 Conversation

A 이 김치는 이름이 뭐예요?

B 이건 오이김치예요. 오이로 만들었어요.

A 이건 무로 만들었으니까 무김치겠네요?

B 네, 맞았어요. 무김치예요. 깍두기라고도 해요.

> **Translation**
>
> A What's the name of this kind of kimchi?
> B This is cucumber kimchi. It's made with cucumber.
> A Then this should be white radish kimchi because it's made with white radish, right?
> B Yes, that's right. It's white radish kimchi. It is also called kkakdugi.

단어와 표현 Words and Expressions

- 김치 : kimchi
- 이름이 : 이름 + -이
  name   subjective marker
- 뭐예요? : What is it?
- 이건 : contracted form of '이것은'

  이것 + -은
  this   topic marker
- 오이김치 : cucumber kimchi
- 만들었어요 : 만들(다) + -었- + -어요
  to make   past   ending
- 무김치겠네요. : it might be white radish kimchi.

  무김치   +   -겠- + -네요
  white radish kimchi guess ending
- 맞았어요. : That's right.

  맞(다) + -았- + -어요
  right   past   ending
- 깍두기라고도 해요. : It's also called kkakdugi.

⚬ '(명사1) + -은/는 + (명사2) + -(으)로 만들다' : Noun 1 is made with Noun2

이 표현은 명사1을 만들 때 명사 2가 재료가 됨을 표현할 때 사용한다. '(noun1) + 은/는 + (noun2) + -(으)로 만들다' is used to tell that the first noun is the food being made and the second noun is the ingredient used.

- 무김치는 무**로 만들**어요. White radish kimchi is made with white radish.
- 닭 세 마리**로** 삼계탕을 **만들**었어요. I made samgyetang with three chickens.

⚬ '명사 + -(이)라고도 하다' : It is also called –

'-(이)라고도 하다'는 어떤 사물이나 사람을 부르는 특정 방법 이외에 다른 방법을 말할 때 사용한다. 명사에 받침이 있으면 '이라고도', 받침이 없으면 '라고도'라고 쓴다. 이 때 '하다' 대신에 '불리다'로 바꿔 쓸 수도 있다. '(이)라고도 하다' is used to tell another way to call a thing besides its name. '-이라고도' is used if the preceding noun ends with a final consonant, and '-라고도' if the noun ends with a vowel. In this case, '하다' can be substituted for '불리다'.

- '크리스마스'는 '성탄절**이라고도 해**요. '크리스마스' is also called '성탄절'.
- '추석'은 '한가위'**라고도 해**요. 'Chuseok' is also called 'hangawi'.
- '어머니'는 '엄마'**라고도 불러**요. '어머니' is also called '엄마'.

⚬ 김치의 종류 Kinds of Kimchi

- 백김치 baek kimchi (white kimchi)

- 오이김치 cucumber kimchi

- 열무김치 young radish kimchi
- 부추김치 garlic chive kimchi
- 파김치 green onion kimchi

연습 Practice

1. 따라 말하세요. 🎧32

Speak aloud after each sentence.

1) **A** 이건 무로 만들었으니까 무김치겠네요?
   B 네, 맞았어요. 무김치예요. 깍두기라고도 해요.

2. '-은/는 -으로 만들었어요'를 사용해서 말해 보세요.

Speak using '-은/는 -으로 만들었어요' as shown in the example.

> **ex.** 무/무김치 → 무로 김치를 만들었어요.

1) 파/파김치 → _____.

2) 밀가루/빵 → _____.

3) 배추/물김치 → _____.

4) 포도/와인 → _____.

3. '-(이)라고도 해요'를 사용해서 말해 보세요.

Speak using '-(이)라고도 해요' as shown in the example.

> **ex.** 어머니/엄마 → 어머니는 엄마라고도 해요.

1) 아버지/아빠 → _____.

2) 작은아버지/삼촌 → _____.

3) 한국/대한민국 → _____.

4) 형님/형 → _____.

4. 보기와 같이 '-(이)라고도 하다'를 넣어서 말해 보세요.
Answer the following questions using '-(이)라고도 하다.'

> **ex.** A: 아버지를 뭐라고도 해요?
> B: (아빠) 아버지는 아빠라고도 해요.

1) **A** : 아내를 뭐라고도 해요?
   B : (집사람) _____.

2) **A** : 서점을 뭐라고도 해요?
   B : (책방) _____.

3) **A** : 프랑스어를 뭐라고도 해요?
   B : (불어) _____.

4) **A** : 빵집을 뭐라고도 해요?
   B : (제과점) _____.

활동 Activities

▶ 학생들이 알고 있는 '비슷한 말'을 말해 보는 활동을 진행한다. 즉, 한 사람이 '서점을 뭐라고도 해요?'라고 말하면 '책방이라고도 해요.'라고 말하는 방식으로 이루어진다. '은 -(이)라고도 해요'가 들어가는 문장을 만들어 한 명씩 이어서 말하다가 대답하지 못하는 학생은 탈락하고 최후에 남은 학생, 즉 단어를 가장 많이 알고 있는 학생이 우승하는 방식으로 진행한다. 학생들의 수준에 따라 유의어 연습을 미리 하고 게임을 하는 것도 좋다.

이렇게 말하면 돼요! Practice Answers

2. 1) 파로 파김치를 만들었어요.
2) 밀가루로 빵을 만들었어요.
3) 배추로 물김치를 만들었어요.
4) 포도로 와인을 만들었어요.

3. 1) 아버지는 아빠라고도 해요.
2) 작은아버지는 삼촌이라고도 해요.
3) 한국은 대한민국이라고도 해요.
4) 형님은 형이라고도 해요.

4. 1) 아내는 집사람이라고도 해요.
2) 서점은 책방이라고도 해요.
3) 프랑스어는 불어라고도 해요.
4) 빵집은 제과점이라고도 해요.

17 식당(2)

대화 Conversation

A 김치 좋아해요?

B 네, 좋아해요. 근데 좀 맵긴 해요.

A 안 매운 김치도 있어요.

B 그래요? 김치 이름이 뭐예요?

A 백김치예요. 고춧가루를 넣지 않아서 하얀 김치예요.

Translation

A Do you like kimchi?
B Yes, I do. It's a little spicey, though.
A There is a kind of kimchi that is not spicy.
B Really? What's the kimchi's name of that kind of kimchi?
A It's called baek kimchi. It's white kimchi because no chilli powder is added.

단어와 표현 Words and Expressions

- 좋아해요? : Do you like it?

  좋아하(다) + -여요?
  to like   ending(question)

- 근데 : but, though
- 좀 맵긴 해요 : I admit it is spicy.
- 안 : not
- 매운 김치 : spicy kimchi
- 백김치 : baek kimchi, white kimchi
- 고춧가루 : chilli powder
- 넣지 않아서 : because it is not in it

  넣(다) + -지 않(다) + -아서
  to put it in   negative   connective (because)

- 하얀 김치 : white kimchi

● '형용사 + -긴 하다' : It's true that, I admit that

'-긴 하다'는 형용사에 붙어서 그 형용사가 나타내는 어떤 사실이나 상태가 그러하다고 인정하여 말할 때 쓰인다. '형용사 + -기는 하다'의 줄임 표현이다. Attached to an adjective, '-긴 하다' is used when admitting that a certain fact or state described by the adjective is true. It is a contraction of 'adjectvive + -기는 하다'.

- 영철 씨가 멋있**긴 해**요. It's true that Yeongchul is handsome.
- 여행이 좋**긴 해**요. I admit that traveling is good.
- 하늘이 예쁘**긴 해**요. I admit that the sky is pretty.
- 김치가 맵**긴 해**요. It's true that kimchi is spicy.

● '안 + 형용사' : Negation of Adjective   ☞ 1권 26과

형용사로 끝나는 문장을 부정문으로 만들 경우에는 보통 형용사 앞에 '안(not)'을 넣으면 된다. 그러나 때 때로 '형용사 + -지 않다'로 부정문을 만들기도 한다. When a sentence ends with an adjective, '안' is usually added in front of the adjective to make it nagative. However, the 'Adjectvive + -지 않다' form can also be used.

- 예쁘다 → 안 예쁘다(=예쁘지 않다)
- 친절하다 → 안 친절하다(=친절하지 않다)

- 저 다리는 **안** 길어요. That bridge is not long.
- 오늘 날씨가 **안** 더워요. It's not hot today.
- 저 산은 **안** 높아요. That mountain is not high.

● 김치의 재료 Ingredients in Kimchi

- 배추 chinese cabbage
- 고춧가루 chilli powder
- 무 white raddish
- 마늘 garlic
- 파 green onion
- 소금 salt

연습 Practice

1. 따라 말하세요. 🔊34
Speak aloud after each sentence.

1) A 안 매운 김치도 있어요.
   B 그래요? 김치 이름이 뭐예요?

2) 고춧가루를 넣지 않아서 하얀 김치예요.

2. '-긴 하다'를 사용해서 말해 보세요.
Speak using '-긴 하다' as shown in the example.

> ex. 한라산이 높다 → 한라산이 높긴 해요.

1) 키가 작다 → _____.

2) 불이 밝다 → _____.

3) 얼굴이 예쁘다 → _____.

4) 날씨가 따뜻하다 → _____.

3. '-긴 하다'를 사용해서 말해 보세요.
Answer the following questions using '-긴 하다'.

> ex. A : 커피가 맛있어요?
>   B : (뜨겁다) 네, 그런데 좀 뜨겁긴 해요.

1) A : 한국어가 재미있어요?
   B : (어렵다) 네, _____.

2) A : 그 영화가 재미있어요?
   B : (슬프다) 네, _____.

3) A : 새로 이사한 집이 넓어요?
   B : (학교에서 멀다) 네, _____.

4) A : 새 직장이 좋아요?
   B : (바쁘다) 네, _____.

4. '안'을 사용해서 말해 보세요.
Answer the following questions using '안'.

> ex. A : 마이클 씨의 여자 친구가 예뻐요?
> B : (예쁘다) 아니요, 안 예뻐요.

1) A : 스테판 씨는 키가 작아요?
   B : (키가 작다) 아니요, _____.

2) A : 수영장에 물이 깊어요?
   B : (깊다) 아니요, _____.

3) A : 오늘 날씨가 더워요?
   B : (덥다) 아니요, _____.

4) A : 식당 아주머니가 친절해요?
   B : (친절하다) 아니요, _____.

활동 Activities

▶ 학생들에게 음식이나 경치, 사물 카드를 보여 주고 느낌을 말하게 한다. 만약 눈 덮인 산을 찍은 사진일 경우에는 '멋있어요. 그런데 좀 추워요.'라고 한다. 그러면 상대방 학생이 '맞아요, 춥긴 해요.'라고 맞장구 표현을 연습하도록 하는 활동이다.

이렇게 말하면 돼요! Practice Answers

2. 1) 키가 작긴 해요.
   2) 불이 밝긴 해요.
   3) 얼굴이 예쁘긴 해요.
   4) 날씨가 따뜻하긴 해요.

3. 1) 그런데 좀 어렵긴 해요.
   2) 그런데 좀 슬프긴 해요.
   3) 그런데 학교에서 좀 멀긴 해요.
   4) 그런데 좀 바쁘긴 해요.

4. 1) 키가 안 작아요.
   2) 안 깊어요.
   3) 안 더워요.
   4) 안 친절해요.

18 운동장

대화 Conversation

A 마이클 씨, 좋아하는 운동 있어요?

B 저는 축구 좋아해요. 보는 것도 좋아하고 하는 것도 좋아해요.

A 저는 수영을 좋아해요.

B 필립 씨는 수영 잘하세요?

A 잘하는 편이에요.

Translation
A Michael, is there any sport you like?
B I like soccer. I like both watching it and playing it.
A I like swimming.
B Do you swim well, Philip?
A I'm rather good at it.

단어와 표현 Words and Expressions

- 운동 : sports
- 축구 : soccer
- 보는 것 : 보(다) + -는 + 것
              to watch modifier thing
- 하는 것 : doing
- 수영 : swimming
- 잘하세요? : Can you do it well?
- 잘하는 : be good at
     잘하(다) + -는
     to do it well modifier
- 편이에요 : somewhat, rather (commonly used in Korean to be more humble or polite)
     ex. 친절한 편이에요 → somewhat kind

● '동사/형용사 + -ㄴ/는 편이다' : being close to

어떤 사실을 단정적으로 말하기보다는 대체로 그렇다고 표현할 때 사용한다. 동사 뒤에는 '-는 편이다'가, 형용사 뒤에는 '-(으)ㄴ 편이다'가 온다. It is used to express that a fact is mostly like the statement rather than to assert it. '-는 편이다' comes after a verb, and '-(으)ㄴ 편이다' comes after an adjective.

- 매일 우유를 마시**는 편이다**. Generally, I drink milk every day.
- 외국어 공부를 좋아하**는 편이다**. I somewhat like studying foreign languages.
- 내 여자 친구는 예쁜 **편이다**. My girlfriend is quite pretty.
- 이 차는 비싼 **편이다**. This car is pretty expensive.

● '동사 + -는 것' : V + ing(gerund)

'-는 것'은 동사에 붙어서 어떤 동작이나 사실, 사물을 설명할 때 사용한다. 이 표현은 동사를 명사처럼 쓸 수 있도록 해 주어서 동사가 주어나 목적어 역할뿐 아니라 '이다' 앞에서도 쓰일 수 있도록 해준다. Attached to a verb, '-는 것' is used to explain a certain action, fact, or thing. This expression makes it possible to use a verb like a noun. Therefore it allows the verb to be used as a subject or an object in a sentence, and also can be used before '이다'.

- 한국에서 버스를 타**는 것**은 재미있어요. It is fun to take a bus in Korea.
- 걷**는 것**이 건강에 좋아요. Walking is good for your health.
- 제 취미는 외국어는 배우**는 것**이에요. My hobby is learning foreign languages.

● 운동종목 Sports

- 축구 soccer
- 농구 basketball
- 야구 baseball
- 탁구 table tennis
- 배구 volleyball

연습 Practice

1. 따라 말하세요. 🔊36
Speak aloud after each sentence.

1) 보는 것도 좋아하고 하는 것도 좋아해요.

2) 잘하는 편이에요.

2. '-ㄴ/는 편이다'를 사용해서 말해 보세요.
Speak using '-ㄴ/는 편이다' as shown in the example.

> **ex.** 먹다 → 먹는 편이다.

1) 자다 → _____.

2) 건강하다 → _____.

3) 듣다 → _____.

4) 많다 → _____.

3. '-ㄴ/는 편이다'를 사용해서 말해 보세요.
Answer the following questions using '-ㄴ/는 편이다'.

> **ex.** A : 무슨 음악을 들어요?
> B : (클래식을 자주 듣다) 저는 클래식을 자주 듣는 편이에요.

1) A : 무슨 음료수를 마셔요?
   B : (커피를 많이 마시다) _____.

2) A : 누구와 같이 영화를 봐요?
   B : (남자 친구와 자주 영화를 보다) _____.

3) A : 주말에 무엇을 해요?
   B : (자주 명동에 가서 쇼핑하다) _____.

4) A : 레이첼 씨 남자 친구는 어때요?
   B : (키가 크고 뚱뚱하다) _____.

5) A : 한국어 쓰기가 어때요?
   B : (읽기보다 어렵다) _____.

4. '-는 것'을 사용해서 말해 보세요.
Answer the following questions using '-는 것'.

> **ex.** A : 무엇을 좋아해요?
> B : (밤에 공부하다) 밤에 공부하는 것을 좋아해요.

1) A : 무엇을 싫어해요?
   B : (오래 걷다) _____.

2) A : 어제 무엇을 배웠어요?
   B : (스케이트 타다) _____.

3) A : 무엇이 건강에 좋아요?
   B : (매일 운동하다) _____.

4) A : 취미가 뭐예요?
   B : (노래를 부르다) _____.

5) A : 한국 생활 중에 무엇이 제일 불편해요?
   B : (모든 것을 한국어로 이야기하다) _____.

활동 Activities

▶ 학생들이 각자 자기소개를 하는 활동이다. 단, 소개를 할 때, 저는 '○○○입니다. -는 것을 좋아해요. -는 편이에요.'를 이용해서 배운 표현을 연습할 수 있도록 미리 당부한다.

이렇게 말하면 돼요! Practice Answers

2. 1) 자는 편이다.
   2) 건강한 편이다.
   3) 듣는 편이다.
   4) 많은 편이다.

3. 1) 저는 커피를 많이 마시는 편이에요.
   2) 남자 친구와 자주 영화를 보는 편이에요.
   3) 저는 자주 명동에 가서 쇼핑하는 편이에요.
   4) 키가 크고 뚱뚱한 편이에요.
   5) 읽기보다 어려운 편이에요.

4. 1) 오래 걷는 것을 싫어해요.
   2) 스케이트 타는 것을 배웠어요.
   3) 매일 운동하는 것이 건강에 좋아요.
   4) 노래를 부르는 것이 취미예요.
   5) 모든 것을 한국어로 이야기하는 것이 제일 불편해요.

19 미술관

대화 Conversation

A 제인 씨는 시간이 있을 때 뭐 하세요?

B 저는 가끔 미술관에 가요.

A 요즘 볼 만한 전시회가 있어요?

B 서울 시립미술관에서 고흐전을 하고 있어요.

A 그래요? 제가 좋아하는 화가예요. 가 보고 싶어요.

Translation

A Jane, what do you do when you have some free time?
B I sometimes go to art museums.
A Is there any exhibition worth seeing these days?
B Seoul Museum of Art is holding a Van Gogh exhibition.
A Is it? He is an artist that I am fond of. I want to visit.

단어와 표현 Words and Expressions

- 시간이 : 시간 + -이
  time   subjective marker
- 있을 때 : When you are free
  있(다) + -을 + 때
  to be   modifier when
- 뭐 하세요? : What do you do?
  뭐 + 하(다) + 세요?
  what to do   ending(question)
- 가끔 : sometimes
- 미술관 : art museum
- 요즘 : these days, nowadays
- 볼 만한 : worth seeing
- 전시회 : exhibition
- 시립미술관 : city art museum
- 고흐전 : Van Gogh exhibition
- 화가 : painter
- 가 보고 싶어요. : I'd like to visit.
  가(다) + 보(다) + 고 싶(다) + 어요
  to go   to see   I'd like to   ending

● '동사 + -(으)ㄹ 때' : when someone does something -

'-(으)ㄹ 때'는 동사에 붙어서 그 동사의 동작이 일어난 시간을 표현할 때 사용한다. 받침이 있을 때는 '-을 때', 받침이 없을 때는 '-ㄹ 때'의 형태로 쓴다. Attached to a verb, '-(으)ㄹ 때' is used to indicate the time that an action described by the verb took place. '-을 때' form is used when the verb ends with a final consonant, and '-ㄹ 때' is used when it ends with a verb.

- 한국 친구를 만날 때 한국 음식을 먹어요.
  I eat Korean food when I meet Korean friends.
- 한국말을 할 때 발음이 어려워요.
  The pronunciation is difficult when I speak in Korean.

● '동사 + -고 있다(진행)' : -ing(in progress or continuing)

어떤 동사의 동작이 진행되거나 지속됨을 말할 때 사용한다. 시제는 '있다'에 '-었-'이나 '-겠-'을 붙여서 '있었다, 있겠다' 등으로 나타낸다. 높임을 말할 때는 '-고 계세요'를 사용한다. It is used to tell that an action described by a certain verb is in progress or continuing. Tense is expressed as '있었다, 있겠다', etc. by adding '-었-' or '-겠-' to '있다'. The honorific form is '-고 계세요'.

- 제 친구는 요리하고 있어요. My friend is cooking.
- 나타리는 노래를 듣고 있어요. Natalie is listening to music.
- 아버지께서는 신문을 읽고 계세요. My father is reading a newspaper.

● 정도부사 Adverbs of Frequency

- 가끔 sometimes
- 때때로 occasionally
- 자주 often
- 항상 always

연습 Practice

1. 따라 말하세요. 🔊38
Speak after each sentence.

1) 요즘 볼 만한 전시회가 있어요?

2) 제가 좋아하는 화가예요. 가 보고 싶어요.

2. '-(으)ㄹ 때'를 사용해서 말해 보세요.
Speak using '-(으)ㄹ 때' as shown in the example.

> ex.   놀다 → 놀 때

1) 쉬다 → _____.

2) 입다 → _____.

3) 걷다 → _____.

3. '-고 있다'를 사용해서 말해 보세요.
Speak using '-고 있다' as shown in the example.

> ex.   먹다 → 먹고 있어요.

1) 보다 → _____.

2) 공부하다 → _____.

3) 이야기하다 → _____.

4. '-(으)ㄹ 때'를 사용해서 말해 보세요.
Answer the following questions using '-(으)ㄹ 때'.

> ex.   A : 언제 커피를 마셔요?
> B : (잠이 오다) 잠이 올 때 커피를 마셔요.

1) A : 언제 이 옷을 입어요?
B : (운동하다) _____.

2) A : 언제 병원에 가요?
B : (너무 많이 아프다) _____.

4) **A** : 언제 콧노래를 불러요?
   B : (기분이 좋다) _____.

5. '-고 있다'를 사용해서 말해 보세요.
Answer the following questions using '-고 있다.'

> **ex.** A : 지금 뭐 해요?
> B : (도서관에서 공부하다) 도서관에서 공부하고 있어요.

1) **A** : 요즘 뭐 해요?
   B : (한국어를 배우다) _____.

2) **A** : 여동생은 지금 뭐 해요?
   B : (피아노를 가르치다) _____.

3) **A** : 어머니께서 부엌에서 뭐 하세요?
   B : (김치를 만들다) _____.

4) **A** : 지금 어디에서 살아요?
   B : (종로에서 살다) _____.

활동 Activities

▶ 상대방이 몸짓으로 하는 단어를 맞히는 활동이다. 학생들이 한 명씩 앞으로 나와서 동사 카드를 보고 말이 아닌 몸짓을 한다. 교사가 학생들에게 "OO 씨가 무엇을 하고 있어요?"라고 질문을 하면 나머지 학생들은 "OO 씨가 -고 있어요."라고 대답한다.

이렇게 말하면 돼요! Practice Answers

2. 1) 쉴 때
2) 입을 때
4) 걸을 때

3. 1) 보고 있어요.
2) 공부하고 있어요.
3) 이야기하고 있어요.

4. 1) 운동할 때 이 옷을 입어요.
2) 너무 많이 아플 때 병원에 가요.
3) 기분이 좋을 때 콧노래를 불러요.

5. 1) 한국어를 배우고 있어요.
2) 피아노를 가르치고 있어요.
3) 김치를 만들고 있어요.
4) 종로에서 살고 있어요.

20 극장

대화 Conversation

A 우리 자리가 어디예요?

B 4열 9번 10번이에요.

A 와! 좋은 자리네요. 팝콘하고 콜라 드실래요?

B 네, 그건 제가 사 올게요.

Translation

A Where are our seats?
B Number nine and ten in row 4
A Wow! They are nice seats. Do you want to have popcorn and coke?
B Yes, I will go and buy some.

단어와 표현 Words and Expressions

- 우리 자리 : 우리 + 자리
  our   seat
- 4열 9번 10번 : row 4, seat 9, 10
- 팝콘하고 콜라 : 팝콘 + 하고 + 콜라
  popcorn   and   coke
- 드실래요? : Would you like to eat it?
  드시(다) + -ㄹ래요?
  to eat(honorific) would you like to
- 그건 : it
- 제가 : I, humble expression
- 사 올게요. : I'll buy it (for you).
  사(다) + 오(다) + -ㄹ게요
  to buy   to come   ending

○─ '(형용사) -(으)ㄴ/는 + (명사)' : modifier

형용사에 붙어서 뒤따르는 명사의 현재 상태를 말할 때 사용하는 표현이다. 형용사에 받침이 없으면 '-ㄴ', 받침이 있으면 '-은'이 온다. 단, '-있다'의 경우, '-는'이 쓰인다. When attached it is an expression used to tell a current condition of the following noun to an adjective, '-ㄴ' is used if the adjective ends with a vowel, and '-은' if it ends with a final consonant. As for '-있다', '-는' is used.

- 예쁜 여자 친구를 만나고 싶어요. I want to make a pretty girlfriend.
- 어려운 문제를 해결해야 해요. I have to solve a difficult problem.

○─ '감탄사 야!, 어머!, 아이고, 아니, 참' : exclamation

말하는 사람의 느낌을 나타낼 때 사용하는 말이다. This expression is used to show the speaker's impressions.

- **아**, 가을이구나! Ah, it's fall!
- **어머**, 이게 누구야! Oh, who is this!
- **아이고**, 이를 어쩌나. Dear me, what should I do?
- **아니**, 이것도 몰라? Gee, don't you know even this?
- **아 참**, 깜빡했다. Oh dear, I forgot.

○─ 영화의 종류 Types of Movies

- 액션 action
- 코미디 comedy
- 로맨스 romantic
- 애니메이션 animation
- 공포 horror
- 공상과학 sci-fi

연습 Practice

1. 따라 말하세요. (40)
Speak aloud after each sentence.

1) 와! 좋은 자리네요.

2) 그건 제가 사 올게요.

2. '-(으)ㄴ/는'을 사용해서 말해 보세요.
Speak using '-(으)ㄴ/는' as shown in the example.

> ex. 멋있다/사람 → 멋있는 사람

1) 낮다/산 → _____.   2) 친절하다/아주머니 → _____.

3) 작다/선물 → _____.   4) 짧다/치마 → _____.

3. '감탄사'를 사용해서 말해 보세요.
Speak each exclamation aloud with emotion.

1) **어머!** 꽃이 예쁘게 피었어요.   3) **저런!** 마이클 씨가 넘어졌어요.

2) **아이고!** 배가 아파요.   4) **와!** 우리가 이겼어요.

4. '-(으)ㄴ/는'을 사용해서 말해 보세요.
Answer the following questions using '-(으)ㄴ/는'.

> ex. A : 어떤 남자 친구를 사귀고 싶어요?
> B : (키가 크다) 키가 큰 남자 친구를 사귀고 싶어요.

1) A : 어떤 가방을 살 거예요?
   B : (작다) _____.

2) A : 어떤 음식이 싫어요?
   B : (맵다) _____.

3) A : 마이크는 어떤 친구예요?
   B : (조용하다) _____.

4) A : 어떤 사람과 결혼하고 싶어요?
   B : (착하다) _____.

5. '감탄사'를 사용해서 말해 보세요.
Fill in an appropriate exclamation and speak each sentence aloud.

> ex. 어머, 와, 글쎄요, 저

1) _____, 정말 대단해요!

2) _____, 깜짝 놀랐어요.

3) _____, 저는 잘 모르겠어요.

4) _____, 줄리아 씨 맞지요?

활동 Activities

▶ '형용사 + -(으)ㄴ/는 + 명사'를 이용하여 이어 말하기를 하는 활동이다. 예를 들어 선생님이 '사람을 좋아해요.'라는 문장을 제시하면 첫 번째 학생이 '예쁜 사람을 좋아해요' 라고 이어 말한다. 그리고 그다음 학생은 '예쁘고 친절한 사람을 좋아해요'라고 형용사를 덧붙여 말한다. 계속해서 이어 말하기를 하다가 앞의 친구가 말한 내용을 잊어버리거나 잘못 말한 학생은 탈락하고 끝까지 이어서 말하는 학생이 우승자가 된다.

```
사람을 좋아해요.
      ↓
예쁜 사람을 좋아해요.
      ↓
예쁘고 착한 사람을 좋아해요.
      ↓
      ?
```

이렇게 말하면 돼요! Practice Answers

2. 1) 낮은 산
2) 친절한 아주머니
3) 작은 선물
4) 짧은 치마

4. 1) 작은 가방을 살 거예요.
2) 매운 음식이 싫어요.
3) 마이크는 조용한 친구예요.
4) 착한 사람과 결혼하고 싶어요.

5. 1) 와
2) 어머
3) 글쎄요
4) 저

21 약국(1)

대화 Conversation

A 감기약 좀 주세요.

B 증세가 어떠세요?

A 목이 많이 아파요. 콧물도 나고요.

B 그럼 이 약을 드세요. 따뜻한 물 많이 드시고요.

Translation

A Please give me some cold medicine.
B What are your symptoms?
A I have a sore throat. And a runny nose, too.
B Then take this medicine. Drink a lot of warm water.

단어와 표현 Words and Expressions

- 감기약 : 감기 + 약
             cold   medicine
- 좀 주세요 : please give me
- 증세 어떠세요? : What are your symptoms?
    증세 + 어떠세요?
    symptoms how is it
- 목 : throat
- 많이 : a lot
- 아파요 : to be painful
- 목이 아파요 : I have a soar throat.
- 콧물도 나구요 : have a runny nose
   코 + 물 + 도 + 나(다) + -구요
   nose water marker to come out ending
                    (also)
- 그럼 : then
- 드세요 : take
- 따뜻한 : 따뜻하(다) + -ㄴ
          warm   modifier
- 물 : water
- 많이 : a lot
- 드시구요 : 드시(다) + -구요
         drink(honorific) ending

○─ '동사/형용사 + -고요' : beside, in addition

대화를 하면서 앞에 나온 말에 덧붙여서 말하거나 계속 이어 말할 때, 또는 뒤에 올 말을 생략할 때 사용한다. 말할 때에 '-구요'라고 하는 경우도 많다. It is used when you tell something in addition to or in succession to the preceding statement in a conversation, or when you omit the following words. It is commonly pronounced as '-구요' in speech.

- 가 : 오늘은 날씨가 춥지요? The weather is cold today, right?
  나 : 네, 바람도 불**구요**. Yes, the wind is blowing also.
- 아이들은 학교에 갔**구요**. The children went to school.

○─ '명사 + -이/가 어떠세요?' : How about -, How is -

명사에 붙어서 그 명사의 상태나 그것에 대한 느낌을 물을 때 사용하는 표현이다. '-이/가 어때요?'의 높임 표현이다. 병원이나 약국에서 건강 상태를 묻거나 제품에 대한 의견을 물을 때 주로 사용한다. It is an expression used to ask about the condition of the state of the noun that is attached to it. It is an honorific expression of '-이/가 어때요?' You can hear it when you are asked about your physical condition in a pharmacy or hospital, or about your opinion of a product.

- 증세**가 어떠세요**? What are your symptoms?
- 속**이 어떠세요**? How's your stomach?
- 이 신발**이 어떠세요**? How do you like these shoes?

아픈 증세 Symptoms

- 목이 따갑다 to have a sore throat
- 머리가 아프다 to have a headache
- 기침이 나다 to have a cough
- 콧물 나다 to have a runny nose
- 열이 나다 to have a fever

연습 Practice

1. 따라 말하세요. 🔊42
Speak aloud after each sentence.

1) 감기약 좀 주세요.

2) 그럼 이 약을 드세요. 따뜻한 물 많이 드시고요.

2. '-고요'를 사용해서 말해 보세요.
Speak using '-고요' as shown in the example.

ex. 씻다 → 씻고요.

1) 울다 → _____.

2) 먹다 → _____.

3) 잡다 → _____.

4) 눕다 → _____.

3. '-이/가 어떠세요?'를 사용해서 말해 보세요.
Speak using '-이/가 어떠세요?' as shown in the example.

ex. 몸 → 몸이 어떠세요?

1) 느낌 → _____?

2) 집 → _____?

3) 옷 → _____?

4) 맛 → _____?

활동 Activities

▶ 선생님이 학생들과 같이 오늘 저녁으로 무엇을 먹으러 갈 것인지 의논하는 활동이다. 선생님이 학생들에게 '여러분, 배가 고파요?', '우리 오늘 저녁에 무엇을 먹으러 갈까요?'라고 질문을 하면, 학생들은 한 사람씩 자신의 의견을 말한다. 그리고 '선생님, 삼겹살은 어떠세요?'와 같은 질문을 만들어 대화를 이어 나간다.

이렇게 말하면 돼요! Practice Answers

2.
1) 울고요.
2) 먹고요.
3) 잡고요.
4) 눕고요.

3.
1) 느낌이 어떠세요?
2) 집이 어떠세요?
3) 옷이 어떠세요?
4) 맛이 어떠세요?

22 약국(2)

대화 Conversation

A 진통제 좀 사고 싶은데요.

B 어디가 아프세요?

A 머리가 너무 아파요.

B 이 약 두 알 드세요.
그래도 계속 아프면 병원으로 가 보세요.

Translation

A I'd like to buy some painkillers.
B Where does it hurt?
A I have a bad headache.
B Take two pills of this medicine. If the pain persists, visit a hospital.

단어와 표현 Words and Expressions

- 진통제 : painkiller
- 좀 사고 싶은데요 : I'd like to buy
- 어디가 아프세요? : Where does it hurt?
- 머리가 : 머리 + –가
  head   subjective marker
- 너무 : too much
- 아파요 : 아프(다) + –아요
  to be painful   ending
- 이 약 : 이 + 약
  this   medicine
- 두 알 : 두 + 알
  two   pills
- 드세요 : take
- 그래도 : still, though
- 계속 : constantly, continuously
- 아프면 : you are painful
  아프(다) + –면
  to be painful (connective)if
- 병원으로 : 병원 + –으로
  hospital   marker(to)
- 가 보세요 : try going
  가(다) + –아 보(다) + –세요
  to go   to try to   ending(order)

◯— '그래도' : although, even though

앞 문장의 내용을 가정하거나 인정해도 뒷 문장의 내용이 예상에 어긋나거나 앞 문장의 상황에 반대되는 표현이 올 때 사용한다. It is used when the following sentence is dissimilar to the expectation, or when the following expression is in contrast with the preceding sentence.

- 오늘은 날씨가 좋지 않아요. **그래도** 학생들이 많이 왔어요.
  The weather is not good today. Although a lot of students came.
- 열심히 공부했어요. **그래도** 성적이 좋지 않아요.
  I studied hard. My grades are not good even though I did.
- 한국어 배우기가 어려워요. **그래도** 재미있어요.
  It is hard to learn Korean. Even though it is fun.

◯— '어디가 아프세요? (불편하세요? 편찮으세요?)' : Where does it hurt? = Do you have a pain somewhere?

병원이나 약국에 갔을 때 의사나 약사가 환자의 상태를 진단할 때 사용하는 표현이다. It is an expression used by a doctor or a pharmacist when diagnosing a patient's condition when visiting a hospital or a pharmacy.

◯— 약의 종류 Kinds of Medicine

- 진통제 painkiller
- 소화제 digestant
- 지사제 antidiarrheal
- 해열제 febrifuge
- 소독약 antiseptic

연습 Practice

1. 따라 말하세요.
Speak aloud after each sentence.

1) 진통제 좀 사고 싶은데요.

2) 그래도 계속 아프면 병원으로 가 보세요.

2. '그래도'를 사용해서 말해 보세요.
Speak using '-이/가 아파요' as shown in the example.

1) 오늘은 일요일이에요.   회사에 가야 해요.
2) 내일 시험이 있어요.   친구와 놀 거예요.
3) 친구랑 싸웠어요.   + 그래도   친구가 좋아요.
4) 집에 혼자 있어요.   무섭지 않아요.
5) 이가 아파요.   치과에 가지 않아요.

3. '-이/가 아파요'를 사용해서 말해 보세요.
Answer the following question using '-이/가 아파요'.

> ex. 팔 → A : 어디가 아프세요?
>   B : 팔이 아파요.

1) 배   → _____.

2) 무릎 → _____.

3) 어깨 → _____.

4) 눈   → _____.

4. 보기와 같이 '-이/가 아파요'를 넣어서 말해 보세요.
Speak the answer using '-이/가 아파요' as shown in the example.

> ex. A : 어디가 아파요?
>   B : (배) 배가 아파요.

1) A : 마이크 씨, 어디가 아파요?
   B : (귀) _____.

2) **A** : 음식을 왜 잘 못 먹어요?
   B : (이) _____.

3) **A** : 어제 대청소하셨어요?
   B : (허리) 네, _____.

4) **A** : 어제 술을 많이 마셨어요?
   B : (머리) 네, _____.

활동 Activities

▶ 두 사람이 의사와 환자 역할을 하는 짝활동이다. 의사 역할을 하는 학생이 환자에게 증세를 물어 보면, 환자 역할을 하는 학생은 자신이 가지고 있는 그림 카드를 보고 증세를 말한다. 학생들에게 그림 카드를 이용하여 증세에 대한 표현을 미리 숙지시키면 원활한 활동이 될 수 있다.

더 해보기 Further Practice

▶ 의사와 환자의 역할을 하는 학생들이 그림이나 자료 없이 자유롭게 말하기 활동을 한다.

이렇게 말하면 돼요! Practice Answers

2. 1) 오늘은 일요일이에요. 그래도 회사에 가야 해요.
2) 내일 시험이 있어요. 그래도 친구와 놀 거예요.
3) 친구랑 싸웠어요. 그래도 친구가 좋아요.
4) 집에 혼자 있어요. 그래도 무섭지 않아요.
5) 이가 아파요. 그래도 치과에 가지 않아요.

3. 1) 배가 아파요.
2) 무릎이 아파요.
3) 어깨가 아파요.
4) 눈이 아파요.

4. 1) 귀가 아파요.
2) 이가 아파요.
3) 허리가 아파요.
4) 머리가 아파요.

23 병원(1)

대화 Conversation

A 어떻게 오셨어요?

B 발목이 아파서 왔어요.

A 저희 병원에 오신 적 있으세요?

B 아뇨. 처음인데요.

A 여기 성함이랑 연락처 적어 주시구요.

Translation

A What brings you here?
B I'm here because my ankle hurts.
A Have you ever been to our hospital?
B No. It's my first time.
A Please write down your name and contact information.

단어와 표현 Words and Expressions

- 어떻게 오셨어요? : What bring you here?
- 발목이 : 발목 + -이
  ankle   subjective marker
- 아파서 : because it hurts
  아프(다) + -아서
  to hurt   connective(because)
- 왔어요 : 오(다) + -았- + -어요
         to come   past tense   ending
- 저희 : we(humble expression)
- 병원에 : 병원 + -에
         hospital   marker(to)
- 오신 적 있으세요? : Have you been to this hospital before?
  오(다) + -시- + -ㄴ + 적 있(다)
  to come honorific modifier have been
  + -으세요?
    ending
- 아뇨 : no
- 처음인데요 : first time
  처음 + -이(다) + -ㄴ데요
  first   to be   ending
- 여기 : here
- 성함이랑 연락처 :
  성함 + -이랑 + 연락처
  name(honorific) and contact information
- 적어 주시구요 : please write down
  적(다) + -어 주(다) + -시- + -구요
  to write down to do for honorific ending

● '어떻게 오셨어요?' : What brings you here?

공공기관이나 병원 등을 방문했을 때 받을 수 있는 질문이다. 이 표현은 방문한 목적이나 이유를 물을 때 사용한다. 유사한 표현으로는 '무슨 일로 오셨어요?'가 있다. It is a question that can be heard when you visit public institutions, and hospitals, etc. This expression is used to inquire about a person's purpose or reason for visiting a place. A similar expression, '무슨 일로 오셨어요?' is also used.

(출입국관리소에서) (immigration office)
가 : **어떻게 오셨어요?** What brings you here?
나 : 외국인 등록증을 분실해서요. I lost my certificate of alien registration.

(도서관에서) (Library)
가 : **무슨 일로 오셨어요?** What brings you here?
나 : 책을 좀 보려고요. I want to read some books.

● '동사 + -아/어/여 주다' : do for someone

동사에 붙어서 말하는 사람이 어떤 행위를 다른 사람을 위해서 함을 나타낼 때 사용한다. 명령문에서는 '-아/어 주세요'의 형태로 상대방이 화자를 위해 무엇인가 해 주기를 기대하며 요청할 때 사용한다. 동사 끝 음절의 모음이 '아, 오'인 경우에는 '-아 주다', '아, 오'를 제외한 나머지 경우에는 '-어 주다', '하다' 동사의 경우에는 '-하여 주다'이지만 주로 '-해 주다' 형태로 쓰인다. 만약 어떤 행위를 해 주는 대상을 높이고자 할 때는 '-아/어/여 드리다'를 사용한다. Attached to a verb, it is used to express that the speaker performs an action for another person. It is generally used in an imperative sentence when the speaker requests something expecting the listener to do something for him/her. '–아 주다' is used if the vowel of the verb's last syllable is '아, 오,' and '–어 주다' is used otherwise. In the case of '하다' verbs, the original form is '–하여 주다,' but the '–해 주다' form is usually used. If you want to use the honorific form, you can use '–아/어/여 드리다'.

- 스테판 씨, 프랑스 노래**해 주**세요. Stephan, please sing a French song.
- 왕영 씨, 책을 읽**어 주**세요. Wang Yong, please read the book.
- 도**와 주**세요. Help me.

병원 종류 Hospital Departments

- 소아과 Pediatrics
- 외과 Surgery
- 내과 Internal Medicine
- 이비인후과 ENT

  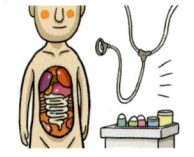 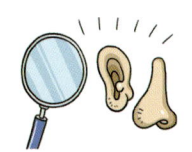

- 정신과 Psychiatry
- 응급실 Emergency Room
- 산부인과 Obstetrics and Gynecology

연습 Practice

1. 따라 말하세요. 🔊46

Speak aloud after each sentence.

1) 어떻게 오셨어요?

2) 여기 성함이랑 연락처 적어 주시구요.

2. '–아/어/여 주다'를 사용해서 말해 보세요.

Speak using '–아/어/여 주다' as shown in the example.

> ex. 놀다 → 놀아 주세요.

1) 먹다 → _____.

2) 사다 → _____.

3) 닫다 → _____ .

4) 요리하다 → _____ .

3. '–아/어/여 주다'를 사용해서 말해 보세요.
Speak using '–아/어/여 주다' as shown in the example.

> **ex.** A : 지우개가 없어요. 지우개 좀 빌려 주세요. (지우개를 빌리다)
> B : 네, 여기 있어요.

1) **A** : 날씨가 추워요. _____. (창문을 닫다)
   B : 네, 알겠어요.

2) **A** : 이 문제가 너무 어려워요. _____. (가르치다)
   B : 미안해요. 저도 잘 몰라요.

3) **A** : _____. (사진을 찍다)
   B : 네, 이쪽을 보세요. 김치!

4) **A** : 비가 와요. _____. (우산을 빌리다)
   B : 미안해요. 나도 한 개밖에 없어요.

5) **A** : 여기에 _____. (이름을 쓰다)
   B : 네, 알았어요.

활동 Activities

▶ 장소 카드를 가지고 각자 해당 장소의 직원과 방문자 역할을 하는 활동이다. 예를 들면 '우체국' 직원은 '어떻게 오셨어요?'라고 질문하면 방문자는 '소포를 부치러 왔습니다.'라고 대답한다. 활동 전에 각 장소에 대한 간단한 소개나 각 장소에서 하는 일을 학생에게 질문하여 기본적인 내용을 숙지하게 하면 더 원활한 활동을 할 수 있다.

이렇게 말하면 돼요! Practice Answers

2. 1) 먹어 주세요.
   2) 사 주세요.
   3) 닫아 주세요.
   4) 요리해 주세요.

3. 1) 창문을 좀 닫아 주세요.
   2) 좀 가르쳐 주세요.
   3) 사진을 좀 찍어 주세요.
   4) 우산을 좀 빌려 주세요.
   5) 여기에 이름을 써 주세요.

24 병원(2)

대화 Conversation

A 어디가 불편하세요?

B 발목을 삐었어요. 계단에서 넘어졌어요.

A 우선 엑스레이(X-ray)부터 찍어봅시다.
  간호사를 따라가세요.

C 이쪽으로 오세요.

Translation
A Where are you hurt?
B I sprained my ankle. I fell down the stairs.
A Let's take an X-ray first. Follow the nurse.
C Come this way.

단어와 표현 Words and Expressions

- **어디가 불편하세요?** : Where are you hurt?
  - 어디 + -가 + 불편하(다) + 세요?
  - where / subjective marker / to be uncomfortable / ending

- **발목을** : 발목 + -을
  - ankle / objective marker

- **삐었어요** : 삐(다) + -었- + -어요
  - to sprain / past tense / ending

- **계단에서** : 계단 + -에서
  - stairs / marker(at, in)

- **넘어졌어요** : 넘어지(다) + -었- + -어요
  - to fall down / past tense / ending

- **우선** : first of all

- **엑스레이(X-ray)부터** : 엑스레이 + -부터
  - X-ray / from

- **찍어봅시다** : Let's take an X-ray first.
  - 찍(다) + -어 보(다) + -ㅂ시다
  - to take / to try to / let's

- **간호사를** : 간호사 + -를
  - nurse / objective marker

- **따라가세요** :
  - 따르(다) + -아 가(다) + -세요
  - to follow / to go / ending(order)

- **이쪽으로** : 이쪽 + -으로
  - this way / marker(to)

- **오세요** : 오(다) + -세요
  - to come / ending(order)

○─ '동사 + -(으)ㅂ시다' : Let's -

동사에 붙어서 상대방에게 그 동사의 동작이나 행위를 같이 하자고 제안하거나 요구할 때 사용한다. 받침이 없거나 'ㄹ' 받침이 올 때는 '-ㅂ시다', 'ㄹ' 이외의 받침이 올 때는 '-읍시다'의 형태가 온다. 이 표현은 듣는 사람이 말하는 사람의 아랫사람이거나 동등한 위치일 때 사용하고 높은 위치에 있거나 나이가 많은 사람에게는 사용하지 않는 것이 좋다. Attached to a verb, it is used when suggesting or requesting doing an action with or of the listner. '-ㅂ시다' is used if the verb ends with a vowel or 'ㄹ' and '-읍시다' if it ends with final consonants other than 'ㄹ'. This expression is used when the listener is the speaker's subordinate or equal in position. Using this expression with a superior or an elder is not recommended.

- 내일 아침에 등산을 **갑시다**. Let's go hiking tomorrow morning.
- 주말에 재미있는 영화를 **봅시다**. Let's see a fun movie on the weekend.
- 내일부터 일찍 일어**납시다**. Let's get up early starting tomorrow.
- 열심히 공부**합시다**. Let's study hard.

○─ '명사 + -부터' : first

명사에 붙어서 뒤따르는 동사의 동작을 가장 먼저 한다는 사실을 말할 때 사용한다. Attached to a noun, it is used to indicate the fact that an action described by the following verb is performed first.

- 아침에 일어나면 물**부터** 마십니다. I first drink water when I wake up in the morning.
- 집에 가면 손**부터** 먼저 씻어요. I wash my hands first when I get home.
- 선생님은 항상 이름**부터** 부릅니다. The teacher always calls the name first.

> **신체 증상 관련 표현** Expressions Related to Physical Symptoms
> - 발목을 삐다 to sprain one's ankle
> - 멍이 들다 to bruise
> - 금이 가다 to have a hairline fracture
> - 벌레에 물리다 to be bitten (by vermin)

연습 Practice

1. 따라 말하세요. 🎧48
Speak aloud after each sentence.

1) **A** 어디가 불편하세요?
   B 발목을 삐었어요. 계단에서 넘어졌어요.

2. '-(으)ㅂ시다'를 사용해서 말해 보세요.
Speak using '-(으)ㅂ시다' as shown in the example.

> **ex.** 오다 → 옵시다.

1) 주다 → _____.

2) 기다리다 → _____.

3) 씻다 → _____.

4) 예약하다 → _____.

3. '-(으)ㅂ시다'를 사용해서 말해 보세요.
Answer the following questions using '-(으)ㅂ시다'.

> **ex.** A : 언제 출발할까요?
> B : 10분 후에 출발합시다.

1) **A** : 언제 명동에 갈까요?
   B : (수업이 끝난 후에) _____.

2) **A** : 언제 같이 영화를 볼까요?
   B : (주말에) _____.

3) **A** : 언제 김밥을 먹을까요?
   B : (점심 때) _____.

4. '–부터'를 사용해서 말해 보세요.
Answer the following questions using '–부터'.

> **ex.** A : 학교에 오면 가장 먼저 무엇을 해요?
> B : (창문/열다) 저는 창문부터 열어요.

1) A : 고향에 돌아가면 제일 먼저 무엇을 해요?
   B : (친구/만나다) _____.

2) A : 수업이 끝나면 가장 먼저 무엇을 해요?
   B : (밥/먹다) _____.

3) A : 시험이 있으면 무슨 과목을 가장 먼저 공부해요?
   B : (읽기/공부하다) _____.

4) A : 부산에 여행 가면 어디에 제일 먼저 가고 싶어요?
   B : (바닷가/가다) _____.

활동 Activities

▶ 동사 카드를 들고 '-(으)ㄹ까요'와 '-(으)ㅂ시다'를 연습하는 짝활동이다. 먼저 질문하는 사람은 동사 카드에 나와 있는 동사를 이용하여 '-(으)ㄹ까요' 문장을 만들어 질문한다. 상대 학생은 '-(으)ㅂ시다'를 이용하여 대답을 한다.

더 해보기 Further Practice

▶ 학생들이 위 활동을 어려움 없이 잘 한다면 덧붙여서 '-지 맙시다'를 이용하여 짝활동을 해 본다.

이렇게 말하면 돼요! Practice Answers

2. 1) 줍시다.
    2) 기다립시다.
    3) 씻읍시다.
    4) 예약합시다.

3. 1) 수업이 끝난 후에 명동에 갑시다.
    2) 주말에 같이 영화를 봅시다.
    3) 점심 때 김밥을 먹읍시다.

4. 1) 저는 친구부터 만나요.
    2) 저는 밥부터 먹어요.
    3) 저는 읽기부터 공부해요.
    4) 저는 바닷가부터 가고 싶어요.

25 환전소

대화 Conversation

A 이거 캐나다 달런데 환전 좀 해 주세요.

B 원화로 바꾸시는 거지요?

A 네. 500달러 바꿔 주세요.

B 얼마짜리로 바꿔 드릴까요?

A 5만 원짜리로 네 장, 나머지는 만 원짜리로 바꿨으면 해요.

Translation

A These are Canadian dollars, and please exchange them.
B You want to exchange them into Korean won, don't you?
A Yes. Please exchange 500 dollars.
B What denomination of bills would you like in exchange?
A I'd like four 50,000 won bills and 10,000 won bills for the rest in exchange.

단어와 표현 Words and Expressions

- 이거 : contracted form of '이것'
  - 이것 this
- 캐나다 달런데 : 캐나다 달러 Canadian dollar + -이(다) + -ㄴ데
  - '-이(다)' is contracted   connective
- 환전 : exchange
- 좀 해 주세요 : please do it
- 원화로 : 원화 + -로
  - Korean money   marker(into)
- 바꾸시는 거지요? : You want to exchange, don't you?
  - 바꾸(다) + -시- + -는 거
    to exchange honorific thing to do
    + -지요?
    ending(confirmation)

- 500달러 : 500 dollars
- 바꿔 주세요 : please exchange
- 얼마짜리로 : How would you like it? (How many 100 dollar bills?)
- 바꿔 드릴까요? : Do you want me to exchange it?
- 5만 원짜리 : a 50,000 won bill
- 네 장 : four bills
- 나머지는 : 나머지 + -는
  the rest of it   topic marker
- 만 원짜리로 : a 10,000 bill
- 바꿨으면 해요 : I'd like to exchange
  - 바꾸(다) + -었으면 하(다) + -여요
    to exchange I'd like to   ending

● '동사/형용사 + -았/었으면 해요' : I'd like to do something, I wish –

동사나 형용사에 붙어서 말하는 사람이 바라는 바를 가정하여 말할 때 사용한다. Attached to a verb, it is used to express what the speaker wishes.

- 이번 휴가 때는 여행을 갔**으면 해요**. I wish I can go on a trip this vacation.
- 이번 시험을 잘 봤**으면 해요**. I hope I can get good grades on this exam.
- 남자 친구가 행복했**으면 해요**. I wish for my boyfriend to be happy.

● '명사1 + -을/를 명사2 + -(으)로 바꾸다' : exchange – into –

원래의 사물이나 내용, 상태를 다른 것으로 바꿈을 말할 때 사용한다. It is used to indicate the change of an original object, content, or condition into another one.

- 영어**를** 한국어**로 바꾸**세요. Translate English into Korean.
- 연필**을** 볼펜**으로 바꿔** 주세요. Please exchange the pencil for a ballpoint pen.
- 빨간색**을** 검은색**으로 바꾸**고 싶어요. I want to change the red to black.

● 나라 이름 Country Names

- 대만 Taiwan
- 중국 China
- 호주 Australia
- 일본 Japan
- 영국 The UK

연습 Practice

1. 따라 말하세요. 🔊50
Speak aloud after each sentence.

1) 이거 캐나다 달런데 환전 좀 해 주세요.

2) 5만 원짜리로 네 장, 나머지는 만 원짜리로 바꿨으면 해요.

2. '-았/었으면 해요'를 사용해서 말해 보세요.
Speak using '-았/었으면 해요' as shown in the example.

> **ex.** 놀다 → 놀았으면 해요

1) 가다 → _____.

2) 닦다 → _____.

3) 가르치다 → _____.

3. '-을/를 -(으)로 바꾸다'를 사용해서 말해 보세요.
Speak using '-을/를 -(으)로 바꾸다' as shown in the example.

> **ex.** 커피/주스 → 커피를 주스로 바꿔요.

1) 큰 컵/작은 컵 → _____.

2) 선풍기/에어컨 → _____.

3) 작은 신발/큰 신발 → _____.

4. '-았/었으면 해요'를 사용해서 말해 보세요.
Answer the following questions using '-았/었으면 해요'.

> **ex.** A : 생일 때 어디에 가고 싶어요?
> B : (놀이공원) 놀이공원에 갔으면 해요.

1) A : 내일 여자 친구와 무엇을 하고 싶어요?
   B : (영화를 보다) _____.

2) A : 방학이 되면 무엇을 하고 싶어요?
   B : (태권도를 배우다) _____.

3) **A** : 무엇을 타고 싶어요?
   B : (지하철) _____.

5. 보기와 같이 '–을/를 –(으)로 바꾸다'를 넣어서 말해 보세요.
Answer the following questions using '–을/를 –(으)로 바꾸다'.

> **ex.** A : 빨간색 펜을 무엇으로 바꾸었어요?
> B : (파란색 펜)빨간색 펜을 파란색 펜으로 바꾸었어요.

1) **A** : 비행기표를 무엇으로 바꾸었어요?
   B : (기차표) _____.

2) **A** : 지폐를 무엇으로 바꾸었어요?
   B : (동전) _____.

3) **A** : 치마를 무엇으로 바꾸었어요?
   B : (바지) _____.

활동 Activities

▶ 반 학생들끼리 가지고 있는 물건을 한 가지씩 가지고 자유롭게 서로 바꾸기를 한다. 그리고는 자신의 물건과 친구의 물건 중 무엇을 바꾸었는지 '–을/를 –(으)로 바꾸다'를 이용하여 이야기해 본다.

더 해보기 Further Practice

▶ 거의 같은 그림이지만 부분적으로 조금씩 다른 그림을 준비한다. 교사는 학생들에게 한 그림을 먼저 보여 주고 나머지 그림을 보여 주면서 무엇이 바뀌었는지 말하게 한다.

이렇게 말하면 돼요! Practice Answers

2. 1) 갔으면 해요.
   2) 닦았으면 해요.
   3) 가르쳤으면 해요.
3. 1) 큰 컵을 작은 컵으로 바꿔요.
   2) 선풍기를 에어컨으로 바꿔요.
   3) 작은 신발을 큰 신발로 바꿔요.
4. 1) 영화를 봤으면 해요.
   2) 태권도를 배웠으면 해요.
   3) 지하철을 탔으면 해요.
5. 1) 비행기표를 기차표로 바꾸었어요.
   2) 지폐를 동전으로 바꾸었어요.
   3) 치마를 바지로 바꾸었어요.

26 시장(1)

대화 Conversation

A 사과 한 개 얼마예요?

B 한 개는 천오백 원이고, 네 개 사시면 오천 원에 드려요.

A 그럼 네 개 주세요.

B 여기 있습니다. 또 오세요.

Translation

A How mush is an apple?
B 1,500 won for one, and 5,000 won if you buy four.
A Then give me four, please.
B Here you are. Please come again.

단어와 표현 Words and Expressions

- 사과 : apple
- 한 개 : one
- 얼마예요? : How much is it?
- 천오백 원이고 :
  천오백 원 + -이(다) + -고
  1,500won   to be   connective(and)
- 네 개 : four
- 사시면 : if you buy
  사(다) + -시- + -면
  to buy honorific connective(if)
- 오천 원에 : 오천 원 + -에
  5,000won   marker

- 드려요 : I give ending
  드리(다)   +   -어요 :
  to give(humble expression) ending
- 그럼 : then
- 네 개 : four
- 주세요 : 주(다) + -세요
  to give ending(order)
- 여기 있습니다. : Here you are.
  여기 + 있(다) + -습니다
  here   to be   ending
- 또 : again
- 오세요 : come

● '단위명사 + -에 얼마예요?' : How much is it by(per, for)? How much is a kg?

단위(-개, -kg, -m, -장, -잔 등)에 따른 물건의 가격을 물을 때 사용한다. It is used when you ask the price per unit (-개, -kg, -m, -장, -잔, etc.).

● '-원에 주다/드리다' : give something for - won

흥정이 가능한 재래시장, 가게 등지에서 물건을 사거나 팔 때 자주 사용하는 표현이다. It is an expression used when selling or buying products in places such as a traditional market or a store where bargaining about the price is possible.

가 : 아주머니 사과 5개 주세요. Ma'am, please give me five apples.
나 : 네. 5개 만 **원에 드릴**게요. Yes. I'll give you five for 10,000 won.

가 : 포도 한 박스 2만 원에 주세요. Please give me a box of grapes for 20,000 won.
나 : 2만 원에는 안 돼요. 2만 5천 **원에 드릴**게요. Not for 20,000 won. I'll give it for 25,000 won.

● **과일** Fruit
- 수박 watermelon
- 사과 apple
- 포도 grapes
- 배 pear
- 복숭아 peach
- 감 persimmon

연습 Practice

1. 따라 말하세요. 🔊52
Speak aloud after each sentence.

1) A 사과 한 개 얼마예요?
   B 한 개는 천오백 원이고, 네 개 사시면 오천 원에 드려요.

2. '-에 얼마예요?'를 사용해서 말해 보세요.
Speak using '-에 얼마예요?' as shown in the example.

> **ex.** 배 네 개 → 배 네 개에 얼마예요?

1) 과자 다섯 봉지 → _____?

2) 커피 한 잔 → _____?

3) 책 두 권 → _____?

4) 생선 한 마리 → _____?

3. '-원에 주다/드리다'를 사용해서 말해 보세요.
Speak using '-원에 주다/드리다' as shown in the example.

> **ex.** 1,000원 → 1,000원에 줄게요/드릴게요.

1) 2,000원 → _____.

2) 30,000원 → _____.

3) 1,000,000원 → _____.

4) 5,700원 → _____.

4. '-원에 주다/드리다'를 사용해서 말해 보세요.
Answer the following questions using '-원에 주다/드리다'.

> **ex.** A : 이 티셔츠가 얼마예요?
> B : (2장 15,000원) 2장 15,000원에 드려요.

1) A : 이 컴퓨터가 얼마예요?
   B : (1대 90만 원) _____.

제26과 시장(1) _109

2) **A** : 이 공책이 얼마예요?
   B : (4권 2,000원) _____.

3) **A** : 이 라면이 얼마예요?
   B : (10개 5,000원) _____.

4) **A** : 이 양말이 얼마예요?
   B : (두 켤레 3,000원) _____.

활동 Activities

▶ 학생들을 두 팀으로 나누어 한 팀은 물건을 파는 사람, 다른 팀은 물건을 사는 사람 역할을 하는 활동이다. 물건을 파는 학생들은 여러 가지 명사 카드나 실제 물건을 가지고 배운 문법을 사용하여 물건을 사고파는 활동을 한다. 물건을 다 산 다음에는 어떤 물건을 얼마에 샀는지 이야기한다.

이렇게 말하면 돼요! Practice Answers

2. 1) 과자 다섯 봉지에 얼마예요?
   2) 커피 한 잔에 얼마예요?
   3) 책 두 권에 얼마예요?
   4) 생선 한 마리에 얼마예요?

3. 1) 2,000원에 줄게요/드릴게요.
   2) 30,000원에 줄게요/드릴게요.
   3) 1,000,000원에 줄게요/드릴게요.
   4) 5,700원에 줄게요/드릴게요.

4. 1) 1대 90만 원에 드려요.
   2) 4권 2,000원에 드려요.
   3) 10개 5,000원에 드려요.
   4) 두 켤레 3,000원에 드려요.

27 시장(2)

대화 Conversation

A 인삼차 좀 주세요. 한 상자에 어떻게 해요?

B 한 상자에 이만 원이에요.
많이 사시면 좀 깎아 드릴게요.

A 다섯 상자쯤 살 거예요.

B 만 팔천 원에 드릴게요.

Translation

A Please give me some ginseng tea. How much is one box?
B It's 20,000 won for one box.
I'll give you a discount if you buy a lot.
A I'll buy about five boxes.
B I'll give you them for 18,000 won.

단어와 표현 Words and Expressions

- 인삼차 : ginseng tea
- 좀 주세요 : please give me
- 한 상자에 : for one box

  한 + 상자 + -에
  one   box   marker(at)

- 어떻게 해요? : How much is it?
- 이만 원이에요 : It's 20,000 won.

  이만 원 + -이 + -어요
  20,000 won   to be   ending

- 많이 : a lot
- 사시면 : if you buy

  사(다) + -시- + -면
  to buy   honorific   connective(if)

- 좀 깎아 드릴게요. : I'll cut the price a little(some).

  좀 + 깎(다) + -아 드리(다) + -ㄹ게요
  a little   to cut   to give something   ending

- 다섯 상자쯤 : about five boxes

  다섯 + 상자 + 쯤
  5   box   about

- 살 거예요 : I'll buy

  사(다) + -ㄹ 것이(다) + -어요
  to buy   ending(will)   ending

- 만 팔천 원에 : 만 팔천 원 + -에
                  18,000 won   marker

- 드릴게요. : I'll give you.

  드리(다) + -ㄹ게요
  to give   ending(will)

◯— '깎아 주세요/깎아 드릴게요' : cut the price

물건을 싸게 사고 싶을 때 주인에게 부탁하는 표현이다. It is an expression asking the shop owner when you want to buy products cheaper.

  가 : 아주머니, 좀 **깎아 주세요**. Ma'am, please cut the price a little.
  나 : 좋아요. 500원 **깎아 줄게요**. OK. I'll cut 500 won.

  가 : 아저씨 1,000원만 **깎아 주세요**. Sir, please give me a 1,000 won discount.
  나 : 안 돼요. 500원만 **깎아 드릴게요**. No. I'll give you only a 500 won discount.

◯— '어떻게 해요?' : How much is it?

물건의 가격을 물어볼 때 그 물건 뒤에 붙여서 사용하는 표현이다. It is an expression used when you ask for the price of a specific product.

- 이 포도 **어떻게 해요**? How much are these grapes?
- 이 신발 **어떻게 해요**? How much are these shoes?
- 이 자전거 **어떻게 해요**? How much is this bicycle?

시장에서 파는 것들 Items Sold in a Market

- 생선 fish
- 야채 vegetables
- 과일 fruits
- 정육 meat
- 생활용품 daily necessities

연습 Practice

1. 따라 말하세요. (54)
Speak aloud after each sentence.

1) 한 상자에 어떻게 해요?
2) 많이 사시면 좀 깎아 드릴게요.

2. '깎아 주세요/깎아 드릴게요'를 사용해서 말해 보세요.
Speak using '깎아 주세요/깎아 드릴게요' as shown in the example.

> **ex.** 500원 → A : 500원 깎아 주세요.
> B : 500원 깎아 드릴게요.

1) 1000원 → _____.

2) 10% → _____.

3) 조금 → _____.

3. '어떻게 해요?'를 사용해서 말해 보세요.
Speak using '어떻게 해요?' as shown in the example.

> **ex.** 한 상자 → 한 상자에 어떻게 해요?

1) 한 개 → _____.

2) 한 박스 → _____.

3) 한 켤레 → _____.

4. '깎아 주세요/깎아 드릴게요'를 사용해서 말해 보세요.
   Speak using '깎아 주세요/깎아 드릴게요' as shown in the example.

   > ex. A : 포도 한 송이에 얼마예요?
   >   B : 2,000원이에요.
   >   A : 비싸요. 500원만 깎아주세요. (500원)
   >   B : 5송이 사시면 깎아 드릴게요. (5송이)

   1) A : 원피스 한 벌에 어떻게 해요?
      B : 20,000원이에요.
      A : _____. (3,000원)
      B : _____. (두 벌)

   2) A : 오렌지 다섯 개에 어떻게 해요?
      B : 5,000원이에요.
      A : _____. (1,000원)
      B : _____. (10개)

활동 Activities

▶ 대형 할인 마트 광고지를 이용하여 물건 판매원과 손님 역할을 하는 활동이다. 손님이 광고지에 나와 있는 품목을 정해서 '○○ 어떻게 해요?'라고 질문을 하면 판매원은 '1kg에, 또는 1개에 얼마예요.'라고 대답한다.

더 해보기 Further Practice

▶ 위 활동에 덧붙여서 가격을 물어보는 것뿐만 아니라 가격을 깎는 것, 또는 바꾸는 것까지 확장하여 자유롭게 활동한다. '끼워 주세요'도 함께 연습해 본다.

이렇게 말하면 돼요! Practice Answers

2. 1) A : 1,000원 깎아 주세요.
      B : 1,000원 깎아 드릴게요.
   2) A : 10% 깎아 주세요.
      B : 10% 깎아 드릴게요.
   3) A : 조금 깎아 주세요.
      B : 조금 깎아 드릴게요.

3. 1) 한 개에 어떻게 해요?
   2) 한 박스에 어떻게 해요?
   3) 한 켤레에 어떻게 해요?

4. 1) A : 비싸요. 3,000원만 깎아 주세요.
      B : 두 벌 사시면 깎아 드릴게요.
   2) A : 비싸요. 1,000원만 깎아 주세요.
      B : 10개 사시면 깎아 드릴게요.

28 구두 가게(1)

대화 Conversation

A 구두 사이즈가 어떻게 돼요?

B 245예요.

A 손님, 이런 스타일은 어떠세요?

B 그런 건 하나 있어요. 다른 건 없어요?

A 이건 어떠세요?

Translation

A What size are these shoe?
B Size 245.
A Ma'am, how about this style?
B I already have that style. Is there anything else?
A How about these?

단어와 표현 Words and Expressions

- 사이즈가 어떻게 돼요? : What is the size?
- 245예요. : 245 mm.
- 손님 : sir/ma'am, customer
- 이런 스타일은 : this kind of style

  이렇(다) + -ㄴ + 스타일 + -은
  to be like this   modifier   style   topic marker

- 어떠세요? : How is it? How do you like it/them?
- 괜찮은 것 같아요. : They/It look/s good.

  괜찮(다) + -은 것 같(다) + -아요
  good   to seem   ending

- 한번 : one time, once
- 신어 보세요. : Try it/them on.

  신(다) + -아/어 보(다) + -세요
  wear   to try   ending(order)

◐ '이런/저런/그런 + 명사' : something like this/something like that/something like it

사람이나 사물의 상태나 모양 또는 성질을 설명할 때 사용한다. 화자와 가까운 곳에 있는 사물이나 사람을 설명할 때에는 '이런'을, 청자와 가까울 때에는 '그런'을 쓰고 모두에게 멀리 있을 때에는 '저런'을 쓴다. It is used to explain a condition, appearance or character of a person or a thing. '이런' is used if the object or person is close to the speaker, '그런' is used if it is close to the listener, and '저런' is used if it is distant from the both of them.

- 저는 **그런** 사람은 본 적이 없어요. I've never seen a person like that.
- 제 여자 친구는 **이런** 영화를 좋아해요. My girlfriend likes movies like this.
- 나도 **저런** 곳에 가 보고 싶어요. I want to go a place like that.

◐ '다른 건 없어요?' : Is there anything else?

물건을 살 때나 어떤 것을 요구할 때 이미 보여 준 것 이외의 다른 것을 보고 싶을 때 사용할 수 있는 표현이다. 주로 원하는 것이 없을 때 사용할 수 있다. 유사한 표현으로는 '다른 것도 볼 수 있어요?'가 있다. You can use this expression when you buy a product, ask for a certain thing, or want to see something other than the thing you have already seen. Usually it can be used when there is nothing you want. The similar expression, '다른 것도 볼 수 있어요?' is also used.

◐ 신발의 종류 Kinds of Shoes

- 운동화 running shoes
- 축구화 soccer shoes
- 구두 shoes
- 단화 loafers, low shoes
- 장화 boots

연습 Practice

1. 따라 말하세요. 🔊56
Speak aloud after each sentence.

1) **A** 손님, 이런 스타일은 어떠세요?
   B 그런 건 하나 있어요. 다른 건 없어요?

2. '다른 건 없어요?'를 사용해서 말해 보세요.
Speak using '다른 건 없어요?' as shown in the example.

> **ex.** 이 신발이 너무 작다 → 이 신발이 너무 작아요. 다른 건 없어요?

1) 이 옷은 예쁘지 않다 → _____?

2) 이 책은 벌써 읽었다 → _____?

3) 이 과자는 맛이 없다 → _____?

4) 이 가방은 너무 크다 → _____?

3. '다른 건 없어요?'를 사용해서 말해 보세요.
Answer the following questions using '다른 건 없어요?'.

> **ex.** A : 사과 사세요.
> B : 이 사과는 너무 비싸요. 다른 건 없어요?

1) **A** : 커피 드세요.
   B : (맛이 없다) _____?

2) **A** : 이 옷 입어 보세요.
   B : (작다) _____?

3) **A** : 이 책을 읽어 보세요.
   B : (어렵다) _____?

3) **A** : 이 노트북 어때요?
   B : (비싸다) _____?

4) **A** : 이 안경 어때요?
   B : (크다) _____?

활동 Activities

▶ 학생들이 손님과 판매원 역할을 하면서 물건 사기 상황을 만들어 본다. 이때 판매원은 손님에게 물건을 권하면서 '이런 건/저런 건/그런 건 어때요? 요즘 아주 잘 나가요'라고 말한다. 손님은 이유를 말하면서 '다른 건 없어요?'라고 질문하며 연습한다.

더 해보기 Further Practice

▶ 위 활동에 덧붙여 판매원이 '우리 가게엔 이런 것/그런 것/저런 것밖에 없어요'라는 표현도 함께 연습해 본다.

이렇게 말하면 돼요! Practice Answers

2. 1) 이 옷이 예쁘지 않아요. 다른 건 없어요?
2) 이 책은 벌써 읽었어요. 다른 건 없어요?
3) 이 과자는 맛이 없어요. 다른 건 없어요?
4) 이 가방은 너무 커요. 다른 건 없어요?

3. 1) 이 커피는 너무 맛이 없어요. 다른 건 없어요?
2) 이 옷은 너무 작아요. 다른 건 없어요?
3) 이 책은 너무 어려워요. 다른 건 없어요?
4) 이 노트북은 너무 비싸요. 다른 건 없어요?
5) 이 안경은 너무 커요. 다른 건 없어요?

29 구두 가게(2)

대화 Conversation

A 어떠세요? 발은 편하세요?

B 발은 편한데 굽이 조금만 더 높았으면 좋겠어요.

A 그러시면 이 구두는 어떠세요?

B 아! 그거 괜찮네요.

A 요즘 이 구두가 많이 나가요.

Translation

A How do you feel? Are your feet comfortable?
B My feet are comfortable, but I'd like the heels a little higher.
A Then, how about these shoes?
B Oh! Thoes look good.
A These shoes are very popular these days.

단어와 표현 Words and Expressions

- 어떠세요? : how is it/they, how do you feel?
- 발은 : 발 + -은
  foot topic marker
- 편하세요? : Is it comfortable? Are they comfortable?

  편하(다) + -세요?
  to be comfortable ending(question)

- 편한데 : it's/they are comfortable but

  편하(다) + -ㄴ데
  to be comfortable connective(but)

- 굽이 : 굽 + -이
  heel subjective marker
- 조금만 더 : little bit more
- 높았으면 좋겠어요 : I'd like a higher heel.

  높(다) + -았으면 좋겠(다) + -어요
  to be high   I wish   ending

- 그러시면 : then

  그럴(다) + -시- + -면
  to be like that honorific connective(if)

- 이 구두는 : 이 + 구두 + -는
  this shoes topic marker
- 그거 : contracted form of '그것(it)'
- 괜찮네요 : They/It look/s good.

  괜찮(다) + -네요
  good   ending

- 요즘 : these days
- 이 구두가 : 이 + 구두 + -가
  this shoes subjective marker
- 많이 : a lot
- 나가요 : being sold well, popular

  나가(다) + -요
  to go out ending

●─ '형용사/동사 + -았/었으면 좋겠다' : I hope(wish) that

동사나 형용사에 붙어서 말하는 사람의 소망이나 바람을 말할 때 사용한다. 받침이 '아, 오'가 오면 '-았으면', '아, 오' 이외의 받침이 오면 '-었으면', '하다' 동사이면 '-하였으면/-했으면'이 올 수 있다. 유사한 표현으로는 '-으면 좋겠다, -았/었으면 하다, -았/었으면 싶다'가 있다. Attached to a verb or an adjective, it is used to tell the speaker's wish or hope. '-았으면' is used if the preceding word's vowel is '아, 오', '-었으면' if the preceding word's vowel is other than '아, 오', and '하였으면/했으면' if the preceding word is a '-하다' verb. Similar expressions are '-으면 좋겠다, -았/었으면 하다, -았/었으면 싶다'.

- 세계 여행을 했으면 좋겠다. I hope that I can travel all over the world.
- 성적이 좋았으면 좋겠다. I hope that my grades are good.
- 내일 날씨가 맑았으면 좋겠다. I wish that the weather will be good tomorrow.

●─ '괜찮다' : it's OK, no problem

어떤 상태나 모양, 성질이 별로 나쁘지 않고 보통 이상일 때 그리고 어떤 문제가 되거나 걱정이 될 만한 것이 없다는 뜻으로 사용한다. 때로는 거절을 표현할 때 '괜찮아요'를 쓰기도 한다. It is used to mean that a certain state, appearance, or character is not so bad but above standard, and that there is nothing to worry about. Sometimes, '괜찮아요' is used for expressing rejection.

- 가 : 이 집 음식이 어때요? What do you think of the food at this restaurant?
  나 : **괜찮**아요. It's OK.

- 가 : 아, 죄송해요. 제가 모르고 발을 밟았네요.
  Oh, I'm sorry. I stepped on your foot without noticing.
- 나 : **괜찮**아요. 아프지 않아요. That's OK. It doesn't hurt.

- 가 : 김치 더 드릴까요? Would you like some more kimchi?
- 나 : **괜찮**아요. 더 안 주셔도 돼요. It's OK. You don't have to give me more.

접속사 Conjunctions

- 그리고 and
- 그래서 so, therefore
- 그러나 but
- 그러므로 therefore
- 그렇지만 but
- 그런데 by the way

연습 Practice

1. 따라 말하세요. (58)
Speak aloud after each sentence.

1) A 그러시면 이 구두는 어떠세요?
   B 아! 그거 괜찮네요.

2. '-았/었으면 좋겠다'를 사용해서 말해 보세요.
Speak using '-았/었으면 좋겠다' as shown in the example.

> ex. 열심히 공부하다 → 열심히 공부했으면 좋겠어요.

1) 잘 자다 → _____.
2) 조금 먹다 → _____.
3) 행복하게 살다 → _____.
4) 한국어를 잘하다 → _____.

3. '-았/었으면 좋겠다'를 사용해서 말해 보세요.
Answer the following questions using '-았/었으면 좋겠다'.

> ex. A : 저녁에 무엇을 먹었으면 좋겠어요?
>   B : (피자를 먹다) 피자를 먹었으면 좋겠어요.

1) A : 다음 학기에 무엇을 하면 좋겠어요?
   B : (장학금을 받다) _____

2) **A** : 지금 무엇을 했으면 좋겠어요?
   B : (잠을 자다) _____.

3) **A** : 누구를 만났으면 좋겠어요?
   B : (남자 친구) _____.

4) **A** : 남편이(아내가) 어떠면 좋겠어요?
   B : (요리를 잘하다) _____.

활동 Activities

▶ 친구의 모습에서 바꾸면 더 나을 것 같은 점을 돌아가며 한 가지씩 '-았/었으면 좋겠다'를 사용하여 이야기해 본다. '머리가 길었으면 좋겠어요.', '밝은 색 옷을 입었으면 좋겠어요.' 등과 같이 말할 수 있다.

더 해보기 Further Practice

▶ 자신의 1년 뒤 모습에 대해 '-았/었으면 좋겠다'를 사용해서 서로 이야기 해 보도록 한다.

이렇게 말하면 돼요! Practice Answers

2. 1) 잘 잤으면 좋겠어요.
   2) 조금 먹었으면 좋겠어요.
   3) 행복하게 살았으면 좋겠어요.
   4) 한국어를 잘했으면 좋겠어요.

3. 1) 장학금을 받았으면 좋겠어요.
   2) 잠을 잤으면 좋겠어요.
   3) 남자 친구를 만났으면 좋겠어요.
   4) 요리를 잘했으면 좋겠어요.

30 옷 가게(1)

대화 Conversation

A 저 치마 66사이즈 있어요?

B 네, 있어요. 색깔은요?

A 검은색 주세요.

B 지금 회색밖에 없어요. 이건 세일 중이니까 싸게 드릴게요.

A 그럼 그거로 주세요.

Translation

A Do you have that skirt in a size 66?
B Yes, I do. What about the color?
A Black, please.
B There are only grey ones left. This one is on sale now, so I will give you a discount.
A Then I'll take that one.

단어와 표현 Words and Expressions

- 저 치마 : 저 + 치마
            that skirt
- 66사이즈 : size 66
- 있어요? : 있(다) + -어요?
            to be ending(question)
- 색깔은요? : What about the color? What color do you want?
  색깔 + -은 + -요?
  color topic marker marker
- 검은색 : black
- 주세요 : 주(다) + -세요
         to give ending(order)
- 잠깐만요. : Wait a minute.
- 근데 : 그런데
       by the way
- 회색밖에 없어요. : There is only grey.
  회색(grey) + 밖에 + 없(다) + -어요
  grey   to be only ending
- 그럼 : then
- 그거로 주세요. : Give me that one, I'll take that one.
  그거 + -로 + 주(다) + -세요
  it   marker to give ending(order)

⊙ '형용사 + -게' : in a - manner, -ly

주로 형용사에 붙어서 뒤에 나오는 행위가 일어나는 방식이나 정도 또는 상태의 정도 등을 나타낼 때 사용한다. Usually attached to an adjective, it is used to express a method or the extent of which the following action is performed, or to express the extent of a state.

- 나타리 씨는 옷을 예쁘**게** 입어요. Natalie wears clothes prettily.
- 여름에는 더워서 머리를 짧**게** 잘라요. I cut my hair short in summer because it's hot.

⊙ '명사 + 중' : in the middle of -

명사와 함께 쓰여서 어떤 행위를 하고 있는 도중에 있음을 말할 때 사용한다. 자주 쓰이는 표현은 '수업 중, 회의 중, 외출 중, 통화 중, 계획 중' 등이 있다. It is used with a noun to express being in the middle of something. Frequently used expressions are '수업 중, 회의 중, 외출 중, 통화 중, 계획 중', etc.

- 지금 수업 **중**이니까 다음에 오세요.
  We are in the middle of a class now, so please come in next time.
- 아직 계획 **중**이어서 말씀 드릴 수 없습니다.
  We are in the middle of planning, so we can't tell you.

⊙ 옷 종류 Kinds of Clothes

- 치마 skirt
- 블라우스 blouse
- 바지 pants
- 티셔츠 T-shirt
- 재킷 jacket

연습 Practice

1. 따라 말하세요. 🔊60
Speak aloud after each sentence.

1) 네, 있어요. 색깔은요?

2) 이건 세일 중이니까 싸게 드릴게요.

2. '-게'를 사용해서 말해 보세요.
Speak using '-게' as shown in the example.

> **ex.** 밝다/웃다 → 밝게 웃어요.

1) 편하다/쉬다 → _____.

2) 크다/웃다 → _____.

3) 쉽다/풀다 → _____.

4) 재미있다/말하다 → _____.

3. '중'을 사용해서 말해 보세요.
Speak using '중' as shown in the example.

> **ex.** 수업/먹지 말다 → 수업 중에 먹지 마세요.

1) 운동/전화하지 말다 → _____.

2) 방학/학교에 오지 말다 → _____.

3) 시험/말을 하지 말다 → _____.

4) 연습/조심하다 → _____.

4. '-게'를 사용해서 말해 보세요.
Answer the following questions using '-게'.

> **ex.** A : 머리를 바꿨어요?
> B : (짧다) 네, 짧게 잘랐어요.

1) A : 방 청소를 했어요?
   B : (깨끗하다) 네, _____

제30과 옷 가게(1) _125

2) **A** : 빵을 직접 만들어요?
   B : (맛있다) 네, _____.

3) **A** : 이 가방 좀 깎아 주실래요?
   B : (싸다) 네, _____.

4) **A** : 밖이 추워요. 옷을 많이 입었어요?
   B : (따뜻하다) 네, _____.

활동 Activities

▶ 동사 카드를 이용하여 두 사람이 할 수 있는 짝활동이다. 한 사람이 '무엇을 해요?'라고 질문을 하면 한 사람은 동사 카드에 나와 있는 동사를 이용해 '-을 해요'라고 답한다. 이어서 '어떻게 -해요?'라고 질문하면 '-게 -해요'라고 답하는 연습을 한다.

이렇게 말하면 돼요! Practice Answers

2. 1) 편하게 쉬어요.
   2) 크게 웃어요.
   3) 쉽게 풀어요.
   4) 재미있게 말해요.

3. 1) 운동 중에 전화하지 마세요.
   2) 방학 중에 학교에 오지 마세요.
   3) 시험 중에 말을 하지 마세요.
   4) 연습 중에 조심 하세요.

4. 1) 깨끗하게 청소를 했어요.
   2) 맛있게 만들어요.
   3) 싸게 깎아 드릴게요.
   4) 따뜻하게 입었어요.

31 옷 가게(2)

대화 Conversation

A 이 바지, 허리가 좀 불편한데 조금 더 큰 거 없어요?

B 죄송해요. 손님. 그 바지는 사이즈가 그것뿐이에요.

A 다른 바지는 어떤 게 있어요?

B 요즘 이게 잘나가는데 한번 보실래요?

Translation

A The waist on these pants are a little uncomfortable. Is there anything a little bigger?

B I'm sorry, ma'am. That is the only size we have left.

A What other pants do you have?

B These are popular these days, so would you like to try them on?

단어와 표현 Words and Expressions

- 이 바지 : 이 + 바지
  these   pants
- 허리가 : 허리 + -가
  waist   subjective marker
- 좀 불편한데 : a little bit uncomfortable
  좀 + 불편하(다) + -ㄴ데
  a little to be uncomfortable connective(but)
- 조금 더 : a little bit more
- 큰 거 : 크(다) + -ㄴ + 거(것)
  to be big   modifier thing
- 없어요? : 없(다) + -어요?
  there isn't ending(question)
- 죄송해요 : 죄송하(다) + -여요
  to be sorry ending
- 손님 : sir/ma'am, customer
- 그 바지는 : 그 + 바지 + -는
  the pants topic marker
- 사이즈가 : 사이즈 + -가
  size   subjective marker
- 그것뿐이에요. : there is only one.
  그것 + 뿐 + -이(다) + -어요
  it   only to be   ending
- 다른 바지는 : 다른 + 바지 + -는?
  another pants topic marker
- 어떤 게 : which one
- 있어요? : Is there?
  있(다) + -어요?
  to be   ending(question)
- 요즘 : these days
- 이게 : 이것 + -이
  this   subjective marker
- 잘나가는데 : popular
  잘나가(다) + -는데
  to be popular connective
- 한번 : once
- 보실래요? : Would you like to try them on?
  보 + -시- + -ㄹ래요?
  to try honorific ending(will)

○── '잘나가다' : be very successful, ride high

상품이 인기가 많아서 아주 잘 팔리거나 사람이 사회적으로 성공함을 말할 때 사용한다. It is used to explain that a product is popular, or that a person is socially successful.

- 저희 매장에서는 이 냉장고가 **잘나가**요. This refrigerator sells well in our store.
- 요즘에는 외국어를 잘 하는 사람이 **잘나가**요.
  A person who speaks a foreign language well is successful these days.
- 이 책이 **잘나가**는 이유가 뭐예요? What is the reason why this book is successful?

○── '명사 + 뿐이다' : only

명사에 붙어서 오직 그 명사만 있고 다른 것은 없음을 나타낼 때 사용한다. 단, 이 때 뒤에 오는 서술어는 '이다, 아니다'만 올 수 있다. Attached to a noun, it is used to express that there is nothing but only the noun in existence. However in this case, only '이다, 아니다' can follow as a predicate.

- 오늘 숙제는 이것**뿐이**에요. This is the only homework today.
- 내가 산 것은 주스**뿐입**니다. All I bought was a juice.
- 나를 이해하는 사람은 나타리**뿐이**에요. The only person who understands me is Natalie.

신체 Body

- 허리 waist
- 목 neck
- 어깨 shoulder
- 팔 arm
- 배 stomach, belly
- 가슴 chest

연습 Practice

1. 따라 말하세요. (62)
Speak aloud after each sentence.

1) 이 바지, 허리가 불편한데 조금 더 큰 거 없어요?

2) 요즘 이게 잘나가는데 한번 보실래요?

2. '잘나가다'를 사용해서 말해 보세요.
Answer the following questions using '잘 나가다'.

> **ex.** A : 요즘 누가 잘나가요?
> B : (빅뱅) 빅뱅이 잘나가요.

1) A : 요즘 어떤 과일이 잘나가요?
   B : (포도) _____ .

2) A : 요즘 어떤 제품이 잘나가요?
   B : (에어컨) _____ .

3) A : 요즘 어떤 책이 잘나가요?
   B : (여행 책) _____ .

4) A : 요즘 어떤 커피가 잘나가요?
   B : (아메리카노) _____ .

5) A : 요즘 어떤 스타일이 잘나가요?
   B : (청바지) _____ .

3. '뿐이에요'를 사용해서 말해 보세요.
Answer the following questions using '뿐이에요'.

> **ex.** A : 다른 건 없어요?
> B : (이것) 네, 이것뿐이에요.

1) **A** : 불고기가 있어요?
   B : (김치) 아뇨, _____.

2) **A** : 만 원 있어요?
   B : (천원) 아뇨, _____.

3) **A** : 우리 반에 남학생도 있어요?
   B : (여학생) 아뇨, _____.

4) **A** : 한국 사람도 있어요?
   B : (외국 사람) 아뇨, _____.

5) **A** : 언니도 있어요?
   B : (오빠) 아뇨, _____.

활동 Activities

▶ 손님 역할을 하는 한 학생을 제외한 모두가 과일 카드를 한 장씩 가진다. 단, 다른 사람들에게 보여 주지 않는다. 그리고 손님이 'OO 있어요?'라고 질문하면 자신이 가지고 있는 과일 이름을 말하면서 'OO뿐이에요'라고 대답한다. 만약 자신이 가지고 있다면 '네, 있어요'라고 말하면서 과일 카드를 내 놓는다. 이때, 손님 역할을 하는 사람에게는 세 번만 질문할 수 있는 기회를 준다. 세 번 안에 해당 과일 카드를 가진 사람을 찾지 못하면 벌칙을 받게 된다. 해당 과일 카드를 가지고 있던 사람은 다시 손님이 된다.

이렇게 말하면 돼요! Practice Answers

2. 1) 포도가 잘나가요.
2) 에어컨이 잘나가요.
3) 여행 책이 잘나가요.
4) 아메리카노가 잘나가요.
5) 청바지가 잘나가요.

3. 1) 김치뿐이에요.
2) 천원뿐이에요.
3) 여학생뿐이에요.
4) 외국 사람뿐이에요.
5) 오빠뿐이에요.

32 안경 가게(1)

대화 Conversation

A 저, 이 안경 좀 고칠 수 있을까요?

B 어디 한번 봅시다. 아이고! 안경테가 부러졌네요.

A 네, 제가 아끼는 안경이라 꼭 고치고 싶어서요.

B 부품이 있으면 수리가 가능하겠어요. 일단 맡기고 가세요.

A 언제쯤 다시 오면 될까요?

Translation

A Well, could you fix these glasses?
B Let me see. Ouch! The glasses frame is broken.
A Yes, I want them fixed because they are my favorite glasses.
B It will be possible to fix them if there is an available part. Leave them here for now.
A When should I come back?

단어와 표현 Words and Expressions

- 저 : well
- 이 안경 : 이 + 안경
      these glasses
- 좀 고칠 수 있을까요? : Can you fix them?
  좀 + 고치(다) + -ㄹ 수 있(다) + -을까요?
  please to fix   can
  ending(conjecture)
- 어디 한번 봅시다. : let me see.
- 아이고! : oh my god, ouch, dear me
- 안경테가 : 안경테 + -가
  glasses frame subjective marker
- 부러졌네요 : 부러지(다) + -었- + -네요
  to be broken past tense
  ending(exclamation)
- 아끼는 : 아끼(다) + -는
  cherish modifier
- 안경이라 : 안경 + -이라
  glassess connective(because)
- 꼭 : certainly
- 고치고 싶어서요 : I'd like to fix it
- 부품이 : 부품 + -이
  part, component subjective marker

- 있으면 : 있(다) + -으면
  to be connective(if)
- 수리가 : 수리 + -가
  repair subjective marker
- 가능하겠어요. : It might be possible.
  가능하(다) + -겠- + -어요
  to be possible conjecture ending
- 일단 : above all, first of all
- 맡기고 가세요 :
  맡기(다) + -고 + 가(다) + -세요
  to leave, deposit connective to go ending
    (and) (order)
- 언제쯤 : about when
- 다시 : again
- 오면 될까요? : Is it ok if I come? for me to come
  오(다) + -면 되(다) + -ㄹ까요?
  to come it's ok ending(conjecture)

- 유치원에 아이를 맡겨요
  I leave my child in a kindergarten.
- 은행에 돈을 맡겨요
  I deposit my money in a bank.
- 세탁소에 옷을 맡겨요.
  I leave my clothes to the laundry.

○─ '동사 + -(으)ㄹ 수 있다/없다' : can/can't

동사에 붙어서 어떤 가능성이나 능력이 있거나 없음을 말할 때 사용한다. Attached to a verb, it is used to either express that there is a certain possibility or ability, or not.

- 여름에는 밖에서 수영을 할 **수 있**어요. [가능]
  I can swim outside in summer. [possibility]
- 주말에 같이 테니스 칠 **수 있**어요? [가능]
  Can you play tennis together in this weekend? [possibility]
- 저는 깍두기를 만들 **수 있**어요. [능력]
  I can make kkakdugi(raddish kimchi). [ability]
- 영어, 중국어, 한국어를 할 **수 있**어요. [능력]
  I can speak English, Chinese, and Korean. [ability]

■ '명사 + -(이)라' : Because -, owing to -

명사에 붙어서 명사가 갖는 성질이나 상태가 뒤 절에 오는 내용의 원인이나 이유가 됨을 나타낼 때 사용한다. 받침이 있으면 '-이라', 받침이 없으면 '-라'의 형태로 사용한다. '-(이)라서'의 줄임 표현이다. Attached to a noun, it is used to express that the noun's properties or condition becomes the reason for the following clause. '-이라' is used if the noun ends with a final consonant, and '-라' if the noun ends with a vowel. It is a contraction of '-(이)라서'.

- 학생**이라** 버스 요금이 싸요. The bus fare is cheaper because I'm a student.
- 아침**이라** 공기가 상쾌해요. The air is fresh because it's morning.
- 시험이 다음 주**라** 요즘 바빠요. I'm busy now because the exam is next week.

○─ 안경 관련 어휘 Words Related to Glasses

- 안경테 glasses frame
- 안경다리 temple
- 안경알 glass lens
- 안경점 glasses shop, optician's
- 안과 ophthalmology
- 시력 eyesight, vision

연습 Practice

1. 따라 말하세요. (64)

Speak aloud after each sentence.

1) 어디 한번 봅시다. 아이고! 안경테가 부러졌네요.

2) 언제쯤 다시 오면 될까요?

2. '-(으)ㄹ 수 있다/없다'를 사용해서 말해 보세요.

Answer the following questions using '-(으)ㄹ 수 있다/없다'.

> **ex.** A : 한국에서 운전할 수 있어요?
> B : 아뇨, 운전할 수 없어요.

1) **A** : 강에서 수영할 수 있어요?
   B : 아뇨, _____.

2) **A** : 한국말 할 수 있어요?
   B : 네, _____.

3) **A** : 이번 주말에 여행 갈 수 있어요?
   B : 아뇨, _____.

4) **A** : 오늘 영화 보러 갈 수 있어요?
   B : 네, _____.

5) **A** : 여기에서 자전거 탈 수 있어요?
   B : 아뇨, _____.

3. '-(이)라'를 사용해서 말해 보세요.
Answer the following questions using '-(이)라'.

> **ex.** **A** : 왜 차가 막혀요?
> **B** : (출근시간) 출근 시간이라 차가 막혀요.

1) **A** : 왜 공원에 사람이 많아요?
   B : (휴일) _____.

2) **A** : 왜 영화표가 싸요?
   B : (조조) _____.

3) **A** : 왜 도서관에 가요?
   B : (시험) _____.

4) **A** : 왜 쇼핑을 가요?
   B : (세일) _____.

5) **A** : 왜 정장을 입었어요?
   B : (면접) _____.

활동 Activities

▶ 선생님과 학생 또는 학생과 학생이 할 수 있는 일과 할 수 없는 일에 대해 질문하고 답변하는 짝활동이다. 예를 들면 '수업 시간에 빵을 먹을 수 있어요?'와 같은 질문을 하면 '수업 시간에 빵을 먹을 수 없어요. 쉬는 시간에 빵을 먹을 수 있어요'로 대답한다. 선생님과 학생의 대화가 익숙해지면 학생들끼리 활동을 한다.

이렇게 말하면 돼요! Practice Answers

2. 1) 수영할 수 없어요.
2) 한국말 할 수 있어요.
3) 여행갈 수 없어요.
4) 영화 보러 갈 수 있어요.
5) 자전거 탈 수 없어요.

3. 1) 휴일이라 사람이 많아요.
2) 조조라 영화표가 싸요.
3) 시험이라 도서관에 가요.
4) 세일이라 쇼핑을 가요.
5) 면접이라 정장을 입었어요.

33 안경 가게(2)

대화 Conversation

- A 선글라스 좀 보여 주세요. 요즘 어떤 게 유행이에요?
- B 올해는 이런 스타일이 많이 나갑니다.
- A 좋아 보이는데요. 저한테 어울릴까요?
- B 네, 손님 얼굴형과 잘 어울릴 것 같아요.
- A 그래요? 한번 줘 보세요.

Translation

- A Please show me some sunglasses. What are popular these days?
- B This style sold well this year.
- A They looks good. Would they look good on me?
- B They seem as though they would go well with the shape of your face.
- A Do they? Please hand them to me.

단어와 표현 Words and Expressions

- 선글라스 : sunglasses
- 좀 보여 주세요 : show me please
- 요즘 : these days, nowadays
- 어떤 게 : which one
- 유행이에요? : 유행 + -이(다) + -어요?
      popular to be   ending
- 올해는 : this year
- 이런 스타일이 :
  이렇(다) + -ㄴ + 스타일 + -이
  to be like this modifier style subjective marker
- 많이 : a lot
- 나갑니다 : be sold
  나가(다) + -ㅂ니다
  to go out ending

- 좋아 보이는데요 : look good
  좋(다) + -아 보이(다) + -는데 + -요
  good   to look   connective marker
- 저한테 : to me
- 어울릴까요? : Does it look good on me?
                 Do they look good on me?
  어울리(다) + -ㄹ까요?
  to look good on ending
- 손님 : customer, guest
- 얼굴형과 : 얼굴형 + -과
           face shape marker(and)
- 잘 어울릴 것 같아요 : seem to look good on
- 그래요? : Really? Do they?
- 한번 : once
- 줘 보세요 : give me
  주(다) + -어 보(다) + -세요
  to give to try to do ending

● '그래요? (정말요? 진짜요?)' : Really?

들은 내용에 대해 놀라움을 표시하거나 진위를 확인하려 할 때 사용한다. 말하는 이에게 호응을 하기 위해서도 많이 쓰인다. It is used when showing your surprise, or verifying the truth about what you heard. It is frequently used to respond to the speaker.

- 가 : 제가 이번에 상을 받았어요. I received a prize this time.
  나 : **그래요**? 축하해요. Really? Congratulations.

- 가 : 다음 달에 부모님께서 한국에 오실 거예요. My parents will come to Korea next month.
  나 : **진짜요**? Really?

● '(사람) + -한테(에게) 어울리다' : look good on somebody

옷이나 장신구 등이 어떤 사람과 조화를 이루어서 보기에 좋을 때 사용하는 표현이다. '잘'이라는 부사와 함께 쓰이는 경우가 많다. It is an expression used when clothes or accessories harmonize with a person and look good. The adverb '잘' is often used in conjunction.

- 이 모자가 손님**한테** 잘 **어울려**요. This hat looks good on you.
- 그 안경이 스테판**한테** 잘 **어울려**요. Those glasses look good on Stephan.
- 저 치마가 여자 친구**에게** 잘 **어울릴**까요? Would that skirt look good on my girfriend?

> **잡화류** Miscellaneous Goods
> - 지갑 wallet
> - 가방 bag
> - 허리띠 belt
> - 구두 shoes
> - 손수건 handkerchief
> - 향수 perfume

연습 Practice

1. 따라 말하세요. 🔊 66

Speak aloud after each sentence.

1) 요즘 어떤 게 유행이에요?

2) 좋아 보이는데요. 저한테 어울릴까요?

2. '-한테(에게) 어울려요'를 사용해서 말해 보세요.

Speak using '-한테(에게) 어울려요' as shown in the example.

> **ex.** 남자 친구 → 남자 친구한테 어울려요.

1) 삼촌 → _____.

2) 선생님 → _____.

3) 어머니 → _____.

4) 오빠 → _____.

3. '-한테(에게) 어울리다'를 사용해서 말해 보세요.

Answer the following questions using '-한테(에게) 어울리다'.

> **ex.** A : 이 가방이 누구한테 어울릴 것 같아요?
> B : (나타리) 나타리한테 어울릴 것 같아요.

1) A : 저 신발이 누구에게 어울릴 것 같아요?
   B : (스테판) _____.

2) A : 저런 빨간색 바지가 누구한테 어울릴 것 같아요?
   B : (영화배우) _____.

3) A : 이 귀걸이가 누구에게 어울릴 것 같아요?
   B : (정 선생님) _____.

4) **A** : 이 반지가 누구에게 어울릴 것 같아요?
   B : (제 어머니) _____.

활동 Activities

▶ 학생들에게 아주 간단한 선물을 준비하도록 하거나 친구에게 줄 수 있는 소지품을 하나씩 받는다. 그리고 선생님은 학생들이 낸 물건을 보여 주며 '이 OO가 누구한테 어울릴 것 같아요?'라고 질문하고 학생들은 'OO한테 어울릴 것 같아요'라고 대답한다. 이때 가장 많은 사람이 선택한 학생에게 그 물건을 준다.

이렇게 말하면 돼요! Practice Answer

2. 1) 삼촌한테 어울려요.
2) 선생님한테 어울려요.
3) 어머니한테 어울려요.
4) 오빠한테 어울려요.

3. 1) 스테판한테 어울릴 것 같아요.
2) 영화배우한테 어울릴 것 같아요.
3) 정 선생님한테 어울릴 것 같아요.
4) 제 어머니한테 어울릴 것 같아요.

34 안경 가게(3)

대화 Conversation

A 콘택트렌즈 사러 왔는데요.
B 특별히 찾으시는 제품 있으세요?
A 없어요.
B 도수는 어떻게 되세요?
A 옛날에 0.1, 0.2였는데 지금은 잘 모르겠어요.
B 그럼 시력 검사한 후에 다시 보여 드릴게요.

Translation

A I came here to buy contact lenses.
B Do you have something particular in mind?
A No.
B How strong are your lenses?
A They were 0.1, 0.2 a long time ago, but now I don't know exactly.
B Then I'll show you them again after the eye examination.

단어와 표현 Words and Expressions

- 콘택트렌즈 : contact lense
- 사러 왔는데요 : came to buy
  사(다) + -러 오(다) + -는데요
  to buy   to come to do   ending
- 특별히 : especially
- 찾으시는 제품 : the product/item/thing you want
  찾(다) + -으시 + -는 + 제품
  to look for honorific modifier item
- 있으세요? : Do you have?
  있(다) + -으세요?
  to be   ending
- 없어요 : there isn't
  없(다) + -어요
  not to be ending
- 도수 : the strength of the lenses
- 도수는 어떻게 되세요? : How strong are your glasses?
- 그럼 : then
- 이거 : this
- 한번 : once
- 껴 보시겠어요? : Would you like to try it/them on?
  끼(다) + -어 보(다) + -시- + -겠- + -어요?
  to wear to try to do honorific guess ending

● '동사 + -(으)ㄴ 후에' : after, later

동사에 붙어서 뒤에 오는 동사의 시간적 선후 관계를 나타낸다. 뒤따르는 동사의 행위나 동작은 앞 동사의 행위나 동작 다음에 발생함을 표현한다. 받침이 없거나 'ㄹ' 받침일 경우에는 '-ㄴ 후에', 'ㄹ'받침 이외의 받침이 있을 경우에는 '-은 후에'의 형태로 쓰인다. '명사 + 후에'의 형태도 같은 의미를 나타내는 표현이다. Attached to a verb, it expresses temporal order of the following verb. It indicates that the following verb's action or movement takes place after the preceding verb's action or movement. '-ㄴ 후에' form is used if the preceding verb ends with a vowel or 'ㄹ', and '-은 후에' if the verb ends with a consonant other than 'ㄹ'. The 'noun + 후에' form expresses the same meaning.

- 학교를 졸업한 후에 취직을 할 거예요. I'll get a job after I graduate from school.
- 식사를 한 후에 커피를 마셔요. Let's drink coffee after eating.
- 눈이 온 후에 산이 예뻐요. The mountain is beautiful after a snow fall.
- 아침을 먹은 후에 다시 잤어요. I slept again after I had breakfast.

● '소수와 분수 읽기' : Reading Decimals and Fractions

0.6	영 점 육
0.18	영 점 일팔
6/10	십 분의 육
1/2	이 분의 일

연습 Practice

1. 따라 말하세요. 🔊68

Speak aloud after each sentence.

1) 특별히 찾으시는 제품 있으세요?

2) 옛날에 0.1, 0.2였는데 지금은 잘 모르겠어요.

2. 소수와 분수를 말해 보세요.

Read each decimals and fractions aloud.

1) 0.8   2) 0.34   3) 0.01   4) 1/3   5) 6/9

3. '-(으)ㄴ 후에'를 사용해서 말해 보세요.

Answer the following questions using '-(으)ㄴ 후에'.

> **ex.** 오다 → 온 후에

1) 쓰다 → _____.

2) 찾다 → _____.

3) 팔다 → _____.

4) 걷다 → _____.

4. '–(으)ㄴ 후에'를 사용해서 말해 보세요.
Answer the following questions using '–(으)ㄴ 후에' as shown in the example, and speak aloud.

> **ex.** A : 언제 학교에 갈 거예요?
> B : (청소하다) 청소한 후에 학교에 갈 거예요.

1) **A** : 언제 결혼할 거예요?
   B : (취직하다) _____.

2) **A** : 언제 고향에 갈 거예요?
   B : (방학을 하다) _____.

3) **A** : 언제 운동을 해요?
   B : (숙제를 하다) _____.

4) **A** : 언제 집에 가요?
   B : (퇴근하다) _____.

활동 Activities

▶ 학생들과 함께 이어 말하기를 하는 활동이다. 처음 시작하는 학생이 '수업이 끝난 후에 식사를 할 거예요'라고 말하면 다음 학생이 '식사를 한 후에 운동을 할 거예요'라고 이어서 말한다. 이렇게 계속 돌아가면서 '–(으)ㄴ 후에'를 이용하여 문장을 만드는데 말을 잇지 못하는 학생은 대화에서 빠지게 하고 끝까지 남는 한 명을 뽑는 활동이다.

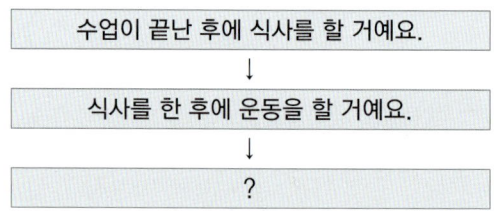

이렇게 말하면 돼요! Practice Answers

2. 1) 영 점 팔
2) 영 점 삼사
3) 영 점 영일
4) 삼 분의 일
5) 구 분의 육

3. 1) 쓴 후에
2) 찾은 후에
3) 판 후에
4) 걸은 후에

4. 1) 취직한 후에 결혼할 거예요.
2) 방학을 한 후에 고향에 갈 거예요.
3) 숙제를 한 후에 운동을 해요.
4) 퇴근을 한 후에 집에 갈 거예요.

35 축제

대화 Conversation

A 왜 이렇게 탔어요? 어디 갔다 왔어요?

B 머드 축제 갔다 왔어요.

A 와, 재미있었겠다! 누구랑 갔어요?

B 혼자요.

A 혼자 갔다 왔다고요?

Translation

A Why is your skin burned? Have you been somewhere?
B I've been to a mud festival.
A Wow, it must have been fun! Who did you go with?
B I went alone.
A Did you say you went there alone?

단어와 표현 Words and Expressions

- 왜 : Why
- 이렇게 : like this
- 탔어요? : be burned
  - 타(다) + -았- + -어요?
    to be burned / past tense / ending(question)
- 어디 : Where
- 갔다 왔어요? : Where have you been?
- 머드 축제 : mud festival
- 와 : Wow
- 재미있었겠다! : It must have been fun!
  - 재미있(다) + -었- + -겠- + -다
    to be interesting / past tense / conjecture / ending
- 누구랑 : 누구 + -랑
    who / marker(and)
- 갔어요? : Did you go?
  - 가(다) + -았- + -어요?
    to go / past tense / ending
- 혼자요 : alone
- 갔다 왔다고요? : you said you have been to
  - 갔다 왔다 + -고 + -요?
    to have been to / connective / marker

● '왜 이렇게 -' : how can - this much

어떤 사실이나 상태 또는 행동에 대해서 정도가 심해서 놀라거나 도저히 이해할 수 없음을 나타낼 때 사용한다. 의문문을 이끌기도 하지만 의문 형태의 감탄문이 되기도 한다. 의미상으로 '정말', '너무'와 같이 사용할 수 있다. It is used to express that you are surprised or cannot understand because of the extent of a certain fact, state, or action. It can lead an interrogative sentence, and also an exclamatory sentence in the form of interrogative one. It can be used with the same meaning as '정말', '너무'.

- **왜 이렇게** 맛있어? How can this be so delicious?
- **왜 이렇게** 예뻐? How can you be so pretty?
- 외국 사람인데 **왜 이렇게** 한국말을 잘해요?
  How can you speak Korean this well even though you're a foreigner?

● '동사 + -았다고요?/-었다고요?/-였다고요?' : You said that -, you mean -

다른 사람의 말을 듣고 그 말을 인용하여 반복함으로써 확인할 때 사용한다. 잘 못 들어서 질문하는 형식으로 쓸 수도 있지만, 내용에 대해 동의할 수 없어서 반문하는 형식으로도 쓰인다. It is used to confirm a previous statement by way of quotation. It can be used in the form of a question, and also in disagreement.

- 가 : 오늘 늦게 일어났어요. I woke up late this morning.
  나 : 늦게 일어났**다고요**? 오늘 시험이잖아요.
  You said you woke up late? There's an exam today.

- 가 : 불고기를 3인분 먹었어요. I ate three servings of bulgogi.
  나 : 3인분 먹었**다고요**? Did you say three servings?

- 가 : 시험 공부 다 했어요. I completed studying for the exam.

  나 : 공부를 다 했**다고요**? You mean you completed studying?

> **한국의 유명한 축제** Famous Festivals in Korea
> - 인삼 축제 The Ginseng Festival
> - 벚꽃 축제 The Cherry Blossom Festival
> - 꽃게 축제 The Red Crab Festival
> - 나비 축제 The Butterfly Festival
> - 녹차 축제 The Green Tea Festiva

연습 Practice

1. 따라 말하세요. 🔊70

Speak aloud after each sentence.

1) 왜 이렇게 탔어요? 어디 갔다 왔어요?

2) 혼자 갔다 왔다고요?

2. '-았/었/였다고요?'를 사용해서 말해 보세요.

Speak using '-었/았/였다고요?' as shown in the example.

> **ex.** 살다 → 살았다고요?

1) 입다   → _____?

2) 알다   → _____?

3) 모르다 → _____?

4) 뛰다   → _____?

3. '왜 이렇게'를 사용해서 말해 보세요.

Answer the following questions using '왜 이렇게'.

> **ex.** A : 왜 이렇게 더워요?
> B : 8월이라서 더워요.

1) A : _____.
   B : 사람이 많아서 음식을 많이 가져왔어요.

2) A : _____.
   B : 아파서 결석을 많이 했어요.

3) **A** : _____.
   B : 성수기라서 비행기표가 비싸요.

4. '-었/았/였다고요?'를 사용해서 말해 보세요.
   Answer the following questions using '-었/았/였다고요?'.

   > **ex.** A : 어제 남자 친구와 같이 콘서트에 갔어요.
   >   B : 콘서트에 갔다고요?

   1) **A** : 오늘 정 선생님과 점심을 먹었어요.
      B : _____?

   2) **A** : 사실은 여자 친구와 헤어졌어요.
      B : _____?

   3) **A** : 한국어능력시험 3급에 합격했어요.
      B : _____?

   4) **A** : 어제가 제 생일이었어요.
      B : _____?

활동 Activities

▶ 짝이나 모둠 활동으로 주말에 있었던 일을 돌아가면서 이야기한다. 한 학생이 자신의 일을 말하고 나면 나머지 학생들은 '-었/았다고요?'로 맞장구치는 활동이다. 억양을 살려서 과장되게 말하면 더욱 재미있는 활동이 될 수 있다.

이렇게 말하면 돼요! Practice Answers

2. 1) 입었다고요?
   2) 알았다고요?
   3) 몰랐다고요?
   4) 뛰었다고요?

3. 1) 왜 이렇게 음식을 많이 가져왔어요?
   2) 왜 이렇게 결석을 많이 했어요?
   3) 왜 이렇게 비행기 표가 비싸요?

4. 1) 점심을 먹었다고요?
   2) 헤어졌다고요?
   3) 합격했다고요?
   4) 생일이었다고요?

36 K-Pop

대화 Conversation

A K-pop 좋아하세요?

B 네, 전 K-pop 때문에 한국에 왔어요.

A 저도 요즘 K-pop에 푹 빠졌어요. 매일 들어요.

B 좋아하는 가수가 누구예요?

Translation

A Do you like K-pop?
B Yes, I came to Korea because of K-pop.
A I fell in love with K-pop these days, too. I listen to it every day.
B What singer do you like?

단어와 표현 Words and Expressions

- K-pop : Korean pop music
- 좋아하세요? : Do you like?
  좋아하(다) + -세요?
   to like   ending
- 전 : 저는 I(humble expression)
- 때문에 : because
- 한국에 : 한국 + -에
           korea   marker (to)
- 왔어요 : 오(다) + -았- + -어요
           to come past tense ending
- 저도 : 저 + -도
        I(humble expression) marker(also)
- 요즘 : these days, nowadays
- 빠졌어요 : fall in love with K-pop
  빠지(다) + -었- + -어요
   to fall   past tense ending
- 매일 : every day
- 들어요 : listen
- 좋아하는 : 좋아하(다) + -는
             to like   modifier
- 가수가 : 가수 + -가
           singer subjective marker
- 누구예요? : 누구 + -이(다) + -어요?
              who   to be   ending

○ '명사 + 때문에' : Because of −

명사와 함께 쓰여서 뒤에 나오는 내용의 원인이나 이유를 나타낼 때 사용한다. It is used with a noun to indicate a reason or cause for the following statement.

- 교통사고 **때문에** 수업에 늦었어요. I was late for the class because of a car accident.
- 비 **때문에** 운동을 할 수 없어요. I can't exercise because of the rain.
- 제 친구 **때문에** 항상 행복해요. I'm always happy because of my friend.

○ '명사 + -에 빠지다' : fall in love with, be into

명사에 붙어서 그 명사에 정신을 다 뺏겨서 벗어나지 못하는 상태를 말할 때 사용한다. 주로 부정적인 의미를 갖는다. 자주 쓰이는 명사는 '사랑, 술, 일, 여자, 도박, 게임 등'이다. 대상이 사람일 경우에는 '-에게 빠지다'로 사용한다. Attached to a noun, it is used to indicate a state of getting lost in something. It mainly implies a negative meaning. Nouns frequently used with the expression are '사랑, 술, 일, 여자, 도박, 게임,' etc. '-에게 빠지다' is used if the object is a person.

- 왕밍 씨는 같은 반 여학생과 사랑**에 빠졌**어요.
  Wang Myng fell in love with a girl in the same class.
- 아이들은 게임**에 빠지**기 쉬워요.
  It is easy for children to lose themselves in computer games.
- 여자 친구**에게 빠져**서 공부를 안 해요.
  He doesn't study because he is so into his girlfriend.
- 스테판은 일**에 빠져**서 쉬는 날에도 일을 해요.
  Stephan works even on holidays because he is so into his work.

> **노래 관련 어휘** Words Related to Songs
> - 가요 pop music, song
> - 가사 lyrics
> - 가수 singer
> - 인기 있다 to be popular
> - 작곡 composition, songwriting
> - 인기를 끌다 to win popularity

연습 Practice

1. 따라 말하세요. (72)
Speak aloud after each sentence.

1) A 전 K-pop 때문에 한국에 왔어요.
   B 저도 요즘 K-pop에 푹 빠졌어요.

2. '-에 빠지다'를 사용해서 말해 보세요.
Speak using '-에 빠지다' as shown in the example.

> **ex.** 사랑 → 사랑에 빠졌어요.

1) 게임 → _____.

2) 술 → _____.

3) 일 → _____.

3. '때문에'를 사용해서 말해 보세요.
Answer the following questions using '때문에'.

> **ex.** A : 운동하러 갈까요?
> B : (숙제) 미안해요. 숙제 때문에 못 가요.

1) A : 주말에 가까운 곳에 놀러 가요?
   B : (일) _____.

2) A : 오늘 왜 수업에 늦었어요?
   B : (사고) _____.

3) A : 왜 등산을 못 가요?
   B : (비) _____.

4. '-에 빠지다'를 사용해서 말해 보세요.
Answer the following questions using '-에 빠지다'.

> **ex.** A : 왜 성적이 안 좋아요?
> B : (게임) 게임에 빠져서 공부를 안 했어요.

1) **A** : 오늘 왜 이렇게 늦었어요?
   B : (잠) _____.

2) **A** : 왜 건강이 나빠졌어요?
   B : (술) _____.

3) **A** : 왜 그렇게 시간이 없어요?
   B : (일) _____.

활동 Activities

▶ 한국에 온 이유를 '때문에'를 이용해 짝과 함께 말하는 활동이다. '왜 한국에 왔어요?'라고 질문하면 '한국 드라마 때문에 왔어요.' 또는 '한국 노래 때문에 왔어요.' 등과 같이 답을 할 수 있다.

더 해보기 Further Practice

▶ '때문에'를 익숙하게 사용하면 '-이기 때문에'와 '때문에'를 구별하는 연습을 하도록 한다. 교사는 아래와 같은 질문을 통해 학생들이 둘을 구별하여 말할 수 있도록 한다.

> 스테판 씨는 왜 영어를 잘 해요? (미국 사람이기 때문에)
> 어제 왜 잠을 못 잤어요. (아기 때문에)
> 왜 한국말을 잘 못해요? (외국인이기 때문에)
> 왜 방학 때 여행을 못 가요? (아르바이트 때문에)
> 차가 왜 이렇게 막혀요? (사고 때문에)

이렇게 말하면 돼요! Practice Answers

2. 1) 게임에 빠졌어요.
    2) 술에 빠졌어요.
    3) 일에 빠졌어요.

3. 1) 미안해요. 일 때문에 못 가요.
    2) 미안해요. 사고 때문에 늦었어요.
    3) 미안해요. 비 때문에 못 가요.

4. 1) 잠에 빠져서 늦었어요.
    2) 술에 빠져서 건강이 나빠졌어요.
    3) 일에 빠져서 시간이 없어요.

37 고궁(1)

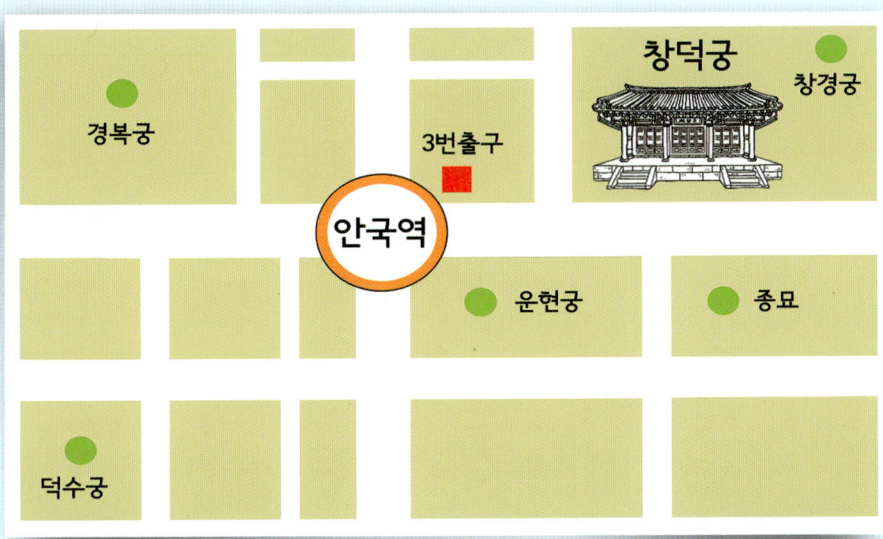

대화 Conversation

A 창덕궁에 가 보고 싶어요. 어떻게 가요?
B 안국역에 내려서 3번 출구로 나가세요.
A 역에서 가까워요?
B 네. 5분만 가면 돼요. 참, 길 건너에 운현궁도 있으니까 거기도 가 보세요.
A 궁들이 다 가까이 있네요.

Translation

A I'd like to go to Changdeok Palace. How can I get there?
B Get off at Anguk station and go out exit number 3.
A Is it near the station?
B Yes. It just takes five minutes. Oh, Unhyeon Palace is across the street, so try visiting there, too.
A All the palaces are adjacent.

단어와 표현 Words and Expressions

- 창덕궁에 : 창덕궁 + -에
  Changduk Palace marker(at, in)

- 가보고 싶어요 : I'd like to go

  가(다) + -아 보(다) + -고 싶(다) + -어요
  to go   to try to   I'd like to   ending

- 어떻게 가요? : How can I get there?

  어떻게 + 가(다) + -요?
  how   to go   ending

- 안국역에 : 안국역 + -에
  Anguk station marker(at, in)

- 내려서 : get off

  내리(다) + -어서
  to get off   connective(and)

- 3번 출구로 : 3번 + 출구 + -로
  no.3   exist   marker(to)

- 나가세요 : go out

  나가(다) + -세요
  to go out   ending(order)

- 역에서 : 역 + -에서
  station   marker(from)

- 가까워요? : 가깝(다) + -어요?
  to be near   ending

- 5분만 : 5분 + -만
  5 minutes   just

- 가면 돼요 : It is ok if you go

  가(다) + -면 되(다) + -어요
  to go   it's ok   ending

- 참 : exclamation, when you've some idea you can say.

- 길 건너에 : 길 + 건너에
  street   across

- 운현궁도 : 운현궁 + -도
  unhyungung   marker(also)

- 있으니까 : 있(다) + -으니까
  to be   connective(because)

- 거기도 : 거기 + -도
  there   marker(also)

- 가 보세요 : try going

  가(다) + -아 보(다) + -세요
  to go   to try doing   ending (order)

- 궁들이 : 궁 + 들 + -이
  palace   plural   subjective marker

- 다 : all

- 가까이 : near

- 있네요 : 있(다) + -네요
  to be   ending

○ '어떻게 가요?' : How can I get -?

어떤 장소에 가거나 목표에 도달하는 방법을 물을 때 사용한다. It is used to ask about the means to go to a certain place or to reach a destination.

- 고향에 **어떻게 가요**? How do you go to your hometown?
- 미국에 **어떻게 가요**? How can I get to the USA?
- 서울대학교에 **어떻게 가요**? How can I get to Seoul National University?

○ '참!' : Oh! Wait! Right!

어떤 사실이나 일을 잊고 있었거나 별 생각 없이 지내다가 문득 생각날 때 사용하는 감탄사이다. 감탄사 '아'와 함께 '아 참'의 형태로도 쓰인다. It is an exclamation used when a fact or event which was forgotten or not cared about much comes to mind suddenly. It is used in the form of '아 참' with the exclamation '아'.

- **참**! 너가 나타리랑 친구지? Oh! You are a friend of Natalie, right?
- **참**! 엄마한테 전화해야 하는데 잊어버렸다. Oh! I forgot I have to call my mom.
- **참**! 우리 오늘 이태원에 가기로 했지요? Oh! We planned to go to Itaewon today, right?

한국의 대표적 고궁 Representative Palaces of Korea
- 경복궁 Gyeongbokgung palace
- 덕수궁 Deoksugung palace
- 창덕궁 Changdeokgung palace
- 창경궁 Changgyeonggung palace

연습 Practice

1. 따라 말하세요. 〈74〉
Speak aloud after each sentence.

1) 창덕궁에 가 보고 싶어요. 어떻게 가요?

2) 참, 길 건너에 운현궁도 있으니까 거기도 가 보세요.

2. '어떻게 가요?'를 사용해서 말해 보세요.
Speak using '어떻게 가요?' as shown in the example.

> ex. 서울시청 → 서울시청에 어떻게 가요?

1) 공항 → _____?

2) 제주도 → _____?

3) 지하철역 → _____?

4) 백제백화점 → _____?

3. '참'을 사용해서 말해 보세요.
Add '참' to the given sentences and speak aloud.

1)
2)
3)
4)

참! +
- 오늘이 어머니 생신이에요.
- 책을 집에 두고 왔어요.
- 휴대전화가 고장 났어요.
- 오늘은 그 식당이 쉬는 날이에요.

4. 보기와 같이 '어떻게 가요?'를 넣어서 말해 보세요.
Answer the following questions using '어떻게 가요?'.

> ex. A : 고향에 **어떻게 가요**?
> B : (배를 타다) 배를 타고 가요.

1) A : 신촌에 어떻게 가요?
   B : (전철을 타다) _____.

2) A : 나타리 씨 집에 어떻게 가요?
   B : (버스를 타다) _____.

3) A : 영국에 어떻게 가요?
   B : (비행기를 타다) _____.

4) A : 학교에 어떻게 가요?
   B : (걷다) _____.

활동 Activities

▶ 지하철 노선도나 버스 노선도를 활용한 짝 활동이다. 선생님과 학생 또는 학생과 학생이 서로에게 어디에 가는지, 어떻게 가는지, 무엇을 타는지에 대해 질문하고, 그에 대해 대답한다.

> A : 어디에 가요?
> B : 명동에 가요.
> A : 어떻게 가요?
> B : 전철을 타요. 4호선 명동역에 내려요.

더 해보기 Further Practice

▶ 학생들이 자신의 고향이 어디인지 말하고 고향에 가는 방법을 말하는 활동이다. '고향이 어디예요? 어떻게 가요?'라고 질문하면 '배를 타고 가요', '비행기를 타고 가요'라고 대답한다.

이렇게 말하면 돼요! Practice Answers

2. 1) 공항에 어떻게 가요?
2) 제주도에 어떻게 가요?
3) 지하철역에 어떻게 가요?
4) 백제백화점에 어떻게 가요?

3. 1) 참! 오늘이 어머니 생신이에요.
2) 참! 책을 집에 두고 왔어요.
3) 참! 휴대전화가 고장 났어요.
4) 참! 오늘은 그 식당이 쉬는 날이에요.

4. 1) 전철을 타고 가요.
2) 버스를 타고 가요.
3) 비행기를 타고 가요.
4) 걸어서 가요.

38 고궁(2)

대화 Conversation

A 여기는 어떤 곳이에요?

B 왕비의 정원이었어요.

A 왕비가 산책하던 곳이군요. 정말 예뻐요.

B 저기에 큰 연못이 있네요.

A 우리 가까이 가서 볼까요?

Translation

A What is this place for?
B It used to be the queen's garden.
A It was the place where the queen used to take walks. It's really pretty.
B There is a big pond over there.
A Shall we go closer and take a look?

단어와 표현 Words and Expressions

- 여기는 : 여기 + -는
       here topic marker

- 어떤 곳이에요? : What is this place?

  어떤 + 곳 + -이(다) + -어요?
  what kind of place to be   ending

- 왕비의 : 왕비 + -의
      queen's possessive marker

- 정원이었어요 : used to be a garden

  정원 + -이(다) + -었- + -어요
  garden to be past tense ending

- 왕비가 : 왕비 + -가
      queen subjective marker

- 산책하던 : often took walks

  산책하(다) + -던
  to take a walk modifier

- 곳이군요 : 곳 + -이(다) + -군요
      place to be ending (exclamation)

- 정말 : really

- 예뻐요 : 예쁘(다) + -어요
      pretty ending

- 저기에 : over there

- 큰 연못이 : big pond

  크(다) + -ㄴ + 연못 + -이
  big modifier pond subjective marker

- 있네요 : 있(다) + -네요
      to be ending

- 우리 : we

- 가까이 : near

- 가서 볼까요? : Shall we go to see?

  가(다) + -아서 + 보(다) + -ㄹ까요?
  to go connective to watch ending

● '동사 + -던' : used to -

동사에 붙어서 화자 또는 주어가 과거에 습관적으로 한 행동을 표현할 때 사용하는 문법이다. Attached to a verb, this grammatical expression is used to indicate the speaker's or the subject's habitual past behavior.

- 이곳이 제가 자주 오**던** 식당이에요. This is the restaurant that I used to visit often.
- 제가 입**던** 옷을 지금은 동생이 입어요.
  Now, my little sister wears the clothes that I used to wear.
- 이 차는 아버지께서 타시**던** 차예요.
  This is the car that my father used to drive.

● '어떤 곳이에요?' : What kind of place -? What is the place for?

어떤 장소나 기관의 이름과 함께 쓰여서 그 장소나 기관의 용도, 유래, 설립 목적 등에 관해 물을 때 사용한다. With a name of a place or institute, it is used when asking about the place's use, origin or reason for being, etc.

- 한국의 클럽은 **어떤 곳이에요**? What are Korean night clubs like?
- 세종문화회관은 **어떤 곳이에요**? What kind of place is Sejong Center?
- 찜질방은 **어떤 곳이에요**? What is a jjimjilbang for?

위치를 나타내는 부사 Adverbs of Location

- 가까이 close to, near
- 근처 near
- 멀리 distant from
- 맞은편 on the opposite side of
- 건너편 across from

연습 Practice

1. 따라 말하세요. 〔76〕
Speak aloud after each sentence.

1) 저기에 큰 연못이 있네요.

2) 우리 가까이 가서 볼까요?

2. '어떤 곳이에요?'를 사용해서 말해 보세요.
Answer the following questions using '어떤 곳이에요?'.

ex. 경주 → 경주는 어떤 곳이에요?

1) 부산 → _____?

2) 찜질방 → _____?

3) 고시원 → _____?

4) 강남 → _____?

3. '-던'을 사용해서 말해 보세요.
Answer the following questions using '-던'.

ex. A : 이 자전거는 무슨 자전거예요?
B : (형이 타다) 형이 타던 자전거예요.

1) A : 저 식당 알아요?
B : (제가 자주 가다) 네, _____.

2) A : 새로 산 옷이에요?
B : (언니가 입다) 아뇨, _____.

3) A : 이 노래 들어 본 적 있어요?
B : (옛날에 내가 자주 듣다) 네, _____.

4. 보기와 같이 '어떤 곳이에요?'를 넣어서 말해 보세요.
Answer the following questions using '어떤 곳이에요?' as shown in the example, and speak aloud.

> **ex.** A : 우체국은 어떤 곳이에요?
> B : 편지나 소포를 부치는 곳이에요.

1) A : 도서관은 어떤 곳이에요?
   B : (책을 읽고 빌릴 수 있다) _____.

2) A : 극장은 어떤 곳이에요?
   B : (영화를 보다) _____.

3) A : 편의점은 어떤 곳이에요?
   B : (24시간 동안 여러 가지 물건을 팔다) _____.

활동 Activities

▶ 장소 카드를 가지고 무엇을 하는 곳인지 먼저 이야기한다. 그리고 각자 장소 카드를 한 장씩 가지는데, 다른 사람들에게 말하거나 보여주지 않는다. 선생님은 학생이 가진 카드에 대해 '어떤 곳이에요?'라고 질문하고 카드를 가진 사람은 장소에 대해 설명한다. 나머지 학생들이 장소를 맞히는 활동이다.

> A : 어떤 곳이에요?
> B : 책을 빌릴 수 있는 곳이에요. 책을 읽을 수 있는 곳이에요.

더 해보기 Further Practice

▶ 각자 고향에 대해서 말하는 활동이다. 학생들이 'OO씨 고향은 어떤 곳이에요?'라고 질문하면 질문을 받은 학생은 자신의 고향에 대해 간단히 설명한다.

이렇게 말하면 돼요! Practice Answers

2. 1) 부산은 어떤 곳이에요?
2) 찜질방은 어떤 곳이에요?
3) 고시원은 어떤 곳이에요?
4) 강남은 어떤 곳이에요?

3. 1) 제가 자주 가던 식당이에요.
2) 언니가 입던 옷이에요.
3) 옛날에 내가 자주 듣던 노래예요.

4. 1) 책을 읽고 빌릴 수 있는 곳이에요.
2) 영화를 볼 수 있는 곳이에요.
3) 24시간 동안 여러 가지 물건을 파는 곳이에요.

39 놀이공원(1)

대화 Conversation

A 어른 셋이요.

B 주간권 하실 거예요? 야간권 하실 거예요?

A 야간권이 뭐예요?

B 오후 다섯 시 이후에 입장하는 거예요.

A 지금이 네 시 반이니까 야간권으로 3장 주세요.

Translation
A Three adults, please.
B Would you like day tickets or night tickets?
A What is a nighttime ticket?
B It's what is for entrance after 5 o'clock.
A It's 4:30 now, so I'll take three night tickets, please.

단어와 표현 Words and Expressions

- 어른 : adult
- 셋이요 : 셋 + -이(다) + -요
  three   to be   marker
- 주간권 : day ticket
- 하실 거예요? :
  하(다) + -시- + -ㄹ 거예요?
  to do   honorific ending
- 야간권 : night ticket
- 뭐예요? : 뭐(무엇 what) + -이 + -어요?
  what   to be   ending
- 오후 : afternoon
- 다섯 시 : 5 o'clock
- 이후에 : after
- 입장하는 : 입장하(다) + -는
  to enter   modifier
- 지금이 : 지금 + -이
  now   subjective marker
- 네 시 반이니까 :
  네 시 반 + -이(다) + -니까
  4:30   to be   connective(because)
- 야간권으로 3장 : 3 night tickets
- 주세요 : 주(다) + -세요
  to give   ending

●─ '명사 1 + 하실 거예요? 명사 2 + 하실 거예요?' : Would like to choose A or B?

두 가지 사물이나 상황 중에서 어떤 것을 선택할지 물을 때 사용한다. It is used to ask the listener's preference between two things or situations.

- 자장면 **하실 거예요?** 짬뽕 **하실 거예요?** Would you like jajangmyeon or jjamppong?
- 사과 **하실 거예요?** 배 **하실 거예요?** Would you like an apple or a pear?
- 오전 수업 **하실 거예요?** 오후 수업 **하실 거예요?** Would you like morning class or afternoon class?

●─ 'N 이전/이후' : before/after

명사와 함께 쓰여서 명사를 기준으로 하여 시간적으로 앞을 나타낼 때는 '명사 이전', 뒤를 나타낼 때는 '명사 이후'라고 한다. '명사 전', '명사 후'의 형태로 쓰이기도 한다. With a noun, 'noun 이전' is used when expressing chronologically ahead of the noun, and 'noun 이후' when expressing chronologically after the noun. 'noun 전,' 'noun 후' forms are also used.

- 점심 **이후**에 만나요. Let's meet after lunch.
- 저녁 **이전**에 끝냈으면 좋겠어요. I hope that I can finish it before evening.
- 출근 시간 **이전**에 출발하셔야 해요. You should leave before rush hour.

●─ 놀이 기구 Amusement Facilities

- 미끄럼틀 slide
- 시소 see-saw
- 그네 swing
- 철봉 horizontal bar, chin-up bar

연습 Practice

1. 따라 말하세요. 🔊78

Speak aloud after each sentence.

1) 주간권 하실 거예요? 야간권 하실 거예요?

2) 오후 다섯 시 이후에 입장하는 거예요.

2. '하실 거예요?'를 사용해서 말해 보세요.

Speak using '하실 거예요?' as shown in the example.

> **ex.** 구두/운동화 → 구두 하실 거예요? 운동화 하실 거예요?

1) 우유/주스 → _____?

2) 커피/녹차 → _____?

3) 일본어/중국어 → _____?

4) 밥/빵 → _____?

3. '이전/이후'를 사용해서 말해 보세요.

Answer the following questions using '이전/이후'.

> **ex.** A : 언제 결혼할 거예요?
> B : (졸업 이후) 졸업한 이후에 결혼할 거예요.

1) A : 언제 약을 먹어요?
   B : (식사 이후) _____.

2) A : 이 건물은 언제 지었어요?
   B : (1900년 이전) _____.

3) A : 언제 철수 씨를 만나기로 했어요?
   B : (퇴근 이후) _____.

4) A : 언제 시간이 있어요?
   B : (11시 이후) _____.

활동 Activities

▶ 두 명씩 할 수 있는 활동이다. 한 사람이 음식, 사물, 동물 등의 카드를 두 장 보여 주면서 'OO 하실 거예요? OO 하실 거예요?'라고 질문하면, 다른 사람은 'OO 할 거예요'라고 대답한다. 그러면 '왜요?'라고 질문하고 그 이유를 말하는 활동이다.

> A : 사과 주스 하실 거예요? 배 주스 하실 거예요?
> B : 배 주스 할 거예요
> A : 왜요?
> B : 배가 더 맛있어서요.

더 해보기 Further Practice

▶ 설문지를 만들어서 반 학생들과 함께 할 수 있는 활동이다. 학생들이 어떤 행동을 언제 하는지 물어보고 '이전/이후'를 이용하여 대답하는 활동이다. 학생들 스스로 질문을 만들고 대답할 수 있는 활동이므로 흥미롭게 진행할 수 있다.

질문		대답(이전/이후를 이용)
약은 언제 먹어요?	식사	식사 이후에 먹어요
결혼은 언제 해요?	졸업	
숙제는 언제 해요?	저녁	
여행은 언제 가요?	방학	

이렇게 말하면 돼요! Practice Answers

2.
1) 우유 하실 거예요? 주스 하실 거예요?
2) 커피 하실 거예요? 녹차 하실 거예요?
3) 일본어 하실 거예요? 중국어 하실 거예요?
4) 밥 하실 거예요? 빵 하실 거예요?

3.
1) 식사 이후에 약을 먹어요.
2) 1900년 이전에 지었어요.
3) 퇴근 이후에 만나기로 했어요.
4) 11시 이후에 시간이 있어요.

40 놀이공원(2)

대화 Conversation

A 우리 뭐부터 탈까요?

B 무서운 거부터 타요.

A 정말요? 전 그런 거 못 타요.

B 무서운 게 더 재미있어요.
다음 놀이 기구는 왕영 씨가 좋아하는 거 타러 가요.

Translation

A What shall we ride first?
B Let's ride something scary first.
A Really? I can't ride that kind of thing.
B The scary ones are more fun.
Let's take the one you like for the next ride.

단어와 표현 Words and Expressions

- 우리 : we
- 뭐부터 : 뭐(무엇) + -부터
             what   marker(from)
- 탈까요? : 타(다) + -ㄹ까요?
            to ride ending(shall we)
- 무서운 거부터 : start with something scary

  무섭(다) + -ㄴ 거 + -부터
    scary   thing   marker(from)

- 전 : contracted from of '저는' I(humble expression)
- 재미있어요 : 재미있(다) + -어요
              be interesting ending
- 다음 : next
- 놀이 기구는 : 놀이 기구 + -는
            The rides topic marker

● '형용사 + -(으)ㄴ 것(거)' : something -

형용사에 붙어서 뒤에 오는 명사의 성질이나 상태를 수식할 때 사용한다. 받침이 있으면 '-은 것', 받침이 없거나 'ㄹ' 받침이 오면 '-ㄴ 것'과 결합한다. 단, '~있다/없다'로 끝나는 형용사의 경우에는 '-는 것'과 결합하여 사용하는 것에 주의한다. 예를 들면 '맛있다, 맛없다, 재미있다, 재미없다, 멋있다, 멋없다' 등이 있다. Attached to an adjective, it is used to modify the following noun's properties or condition. '-은 것' is combined if the adjective ends with a final consonant, and '-ㄴ 것' if the adjective ends with a vowel or 'ㄹ.' However, you should be keep in mind that '-는 것' is combined in the case where the adjective ends in '-있다/없다'. For example, '맛없다, 재미있다, 재미없다, 멋있다, 멋없다', etc. are all relevant.

- 저는 단 **거**를 많이 먹어요. I eat sweets a lot.
- 재미있**는 것** 좀 볼까요? Shall we watch something fun?
- 그 식당에는 맛있**는 것**이 많아요. The restaurant has lots of delicious choices.

● '수사 + 단위명사' : Numerals + Measurement Nouns

수사	단위명사
일, 이, 삼, 사 ...	분(minute), 초(second), 개월(month), 세(age)
한, 두, 세, 네 ...	시(o'clock), 달(month), 살(age)

● 놀이공원 관련 어휘 Words Related to Amusement Parks

- 매표소 ticket booth
- 식수대 drinking fountain
- 물품 보관소 checkroom
- 미아보호소 center for missing children
- 화장실 restroom

연습 Practice

1. 따라 말하세요. 🔊
Speak aloud after each sentence.

1) A 우리 뭐부터 탈까요?
   B 무서운 거부터 타요.

2. '-(으)ㄴ 것'을 사용해서 말해 보세요.
Speak using '-(으)ㄴ 것' as shown in the example.

> ex. 맛있다 → 맛있는 것

1) 예쁘다 → _____.

2) 시원하다 → _____.

3) 깨끗하다 → _____.

4) 재미있다 → _____.

3. '-(으)ㄴ 것'을 사용해서 말해 보세요.
Answer the following questions using '-(으)ㄴ 것'.

> ex. A : 오늘 무슨 영화 보러 갈까요?
> B : (재미있다) 재미있는 것을 보러 가요.

1) A : 어떤 음식을 먹을까요?
   B : (맵다) _____.

2) A : 어떤 사람을 좋아해요?
   B : (멋있다) _____.

3) A : 어떤 과자를 좋아해요?
   B : (달다) _____.

4) A : 어떤 신발을 좋아해요?
   B : (편하다) _____.

5) A : 어떤 물건을 사고 싶어요?
   B : (싸다) _____.

활동 Activities

▶ 학생 두 명씩 앞으로 나가서 선생님이 말하는 종류의 명사 카드를 빨리 찾는 활동이다. 여러 가지 명사 카드를 칠판에 붙여 놓고 선생님은 '형용사 + -ㄴ 것'을 이용하여 말한다. 예를 들어 '단 것'이라고 말하면 학생들은 '사탕' 카드를 찾는 활동이다. 먼저 카드를 찾는 학생이 이기는 게임이다. 원활한 게임을 위해 활동 전에 명사 카드를 가지고 '형용사 + -ㄴ 것'을 미리 연습하는 것도 좋은 방법이다.

더 해보기 Further Practice

▶ 아래와 같은 대화를 짝과 함께 연습하는 활동이다. 대화에서 밑줄 친 부분을 학생이 생각하여 말하도록 한다. 활동에서 연습한 '형용사 + ㄴ 것'을 자연스럽게 입에서 나오도록 연습하게 하는 게임인데 끊어지지 않고 계속 말하는 사람이 이기는 것이다.

> A : 뭐 드릴까요?
> B : 맛있는 거 주세요.
> A : 맛있는 건 없어요. 시원한 건 어때요?
> B : 그럼 그걸로 주세요.

이렇게 말하면 돼요! Practice Answers

2.
1) 예쁜 것
2) 시원한 것
3) 깨끗한 것
4) 재미있는 것

3.
1) 매운 것을 먹어요.
2) 멋있는 사람을 좋아해요.
3) 단 것을 좋아해요.
4) 편한 것을 좋아해요.
5) 싼 것을 사고 싶어요.

Beginner 2 Situation

초판 발행	2014년 4월 7일
개정판 발행	2024년 9월 25일
저자	정선화
편집	권이준, 김아영
펴낸이	엄태상
디자인	이건화
삽화	김성필
콘텐츠 제작	김선웅, 장형진
마케팅본부	이승욱, 왕성석, 노원준, 조성민, 이선민
경영기획	조성근, 최성훈, 김다미, 최수진, 오희연
물류	정종진, 윤덕혁, 신승진, 구윤주
펴낸곳	한글파크
주소	서울시 종로구 자하문로 300 시사빌딩
주문 및 교재 문의	1588-1582
팩스	0502-989-9592
홈페이지	http:// www.sisabooks.com
이메일	book_korean@sisadream.com
등록일자	2000년 8월 17일
등록번호	제300-2014-90호

ISBN 979-11-6734-062-7 14710
　　　979-11-6734-060-3 (set)

* 한글파크는 랭기지플러스의 임프린트사이며, 한국어 전문 서적 출판 브랜드입니다.
* 이 책의 내용을 사전 허가없이 전재하거나 복제할 경우 법적인 제재를 받게 됨을 알려 드립니다.
* 잘못된 책은 구입하신 서점에서 교환해 드립니다.
* 정가는 표지에 표시되어 있습니다.